传播与中国译丛

新闻·新技术·公共生活

主　编◎陆　晔

执行主编◎李红涛　白红义

图绘新闻场域

过去、现在与未来

[美] 戴维·莱夫（David M. Ryfe）◎ 著

闫文捷 ◎ 译　　卜秋静 ◎ 校

中国传媒大學出版社

·北京·

目 录

总 序

二十世纪六十至七十年代，伴随着以新闻编辑部为核心的组织化新闻生产规范化程度的提升，以及以电视为代表的大众传播媒介对社会生活日益深刻的影响，在世界各国媒介社会学领域，诞生了一大批基于经验研究的卓越新闻生产社会学理论成果。其中多部经典著作在初版三十年之后引进中国，如盖伊·塔克曼的《做新闻》（初版 1978 年，中译本 2008 年）、赫伯特·甘斯的《什么在决定新闻》（初版 1979 年，中译本 2009 年）等。这些著作在中国的"理论旅行"，嵌入中国新闻传播学科的本土语境，与中国新闻业在社会主义市场经济蓬勃发展引领下改革创新的理论反思和业务实践相互激发，无论对于搭建学科知识地图还是推动原创性经验研究并与国际学术同行展开交流和批评，都起到积极作用。

近年来，信息与传播技术（ICT）革命和以全球化、数字化、移动互联网为标志的新传播形态，极大地挑战了大众传播媒介的组织化新闻生产逻辑。

在线新闻媒体、移动社交平台、短视频平台，各类新型新闻生产和传播模式的快速演化，社会大众从新闻受众到新闻用户的转变，颠覆了传统的新闻生产流程，从新的维度激活和维系社会公共生活，生产出有关数字时代“何为新闻”“新闻何为”的全新理解。就像2017年3月，著名科技文化前沿期刊《连线》封面报道聚焦“危机中的新闻业”，八篇文章围绕上述主题展开讨论，“新闻业危机”话语一度成为学界和业界的焦点。

21世纪初以来，新一代媒介社会学者围绕数字时代新闻学的理念和实践，展开了扎实的经验研究，力图从对新闻学相关重要理论概念在移动互联网时代的反思和数字新闻生产实践两个维度，批判性地发掘、拓展、阐释新技术环境下新闻和新闻业之于当今世界风云变幻的理论意义与现实价值。这套《传播与中国译丛——新闻·新技术·公共生活》可以说是欧美数字时代新闻生产社会学研究最新成果的集中呈现。

与十多年前引进二十世纪六七十年代美国新闻生产社会学经典著作不同，这套丛书所选的著作与过往相比，翻译引进的时间差很小。这些学术专著所关注的议题，无论是对新闻学核心概念的理论反思，还是对数字新闻生产实践的经验阐释，无不具有强烈的当下性和前沿性，既是对新技术时代“新闻业危机话语”的回应，也强烈地预示着全新的数字新闻业的前景。其中，杰弗里·亚历山大等人主编的论文集《新闻业危机再反思》跳脱技术和经济视野,从文化的视角考察新闻业的危机与数字未来,戴维·莱夫则在传统新闻业“日薄西山”的当口踏入田野,记录美国新闻业如何适应变化、求得生存。当然,莱弗的出发点和民族志的焦点仍然是传统媒体机构的新闻编辑部,C.W.安德森则将眼光转向一整座城市,浓墨重彩地呈现出费城新闻生态系统的演变和都市新闻业再造的轨迹。在系统的实证研究之外,本译丛还收录了三种“纯理论”著作,它们立足数字时代,分别对公共性和客观性这两个“古老”概念和公民目击这个“年轻”概念做了历史性、比较性的梳理和阐释。这些理论和实证著作,不仅有助于我们理解现在,也有助于我们想象新闻、新技术与公共生活的未来。

这套丛书的译者和译校,皆为目前国内新闻传播学领域的优秀中青年学者。他们接受过系统的学术训练,理论功底扎实,具有丰富的经验研究积累,在各自的研究领域尤其是新闻社会学相关领域,都完成过有较高学术价值的原创性研究成果。译者的专业素养,加上试译、译校等翻译把关程序,务求让这批著作以可信的面貌呈现在中国读者面前。更重要的是,从翻译开始,我们希望开启并推动积极、有效的学术批评和学术对话。

我们也希望这套丛书能从新技术场景下新闻与社会生活的关系出发,勾连、回望、对话新闻学研究的历史和经典,激励新一代学者立足移动互联网时代中国新闻传播实践的丰富样态,发展出既有现实针对性又有理论阐释力的原创学术成果,为中国和世界留存一份我们的思考,就像波兰诗人米沃什的著名诗篇:“书籍将会站在书架上,此乃真正的存在……书籍比我们持久。”

执行主编 李红涛

白红义

主 编 陆 晔

2021年8月23日

中文版序

作为一种职业文化，新闻会受到其所处的公共生活形式的强烈影响。因为新闻被嵌入公共生活、国家、市场和市民社会中，因此新闻业在各处都有如出一家的相似之处。但它的精确配置取决于它在特定环境中的具体位置。在美国，新闻业大多植根于市场之中；在欧洲部分地区，它更集中于市民社会。这些差异意味着，尽管各地的新闻业都有着如出一家的相似之处，但并不完全相同。

这个论点说起来简单，但是它对新闻研究具有深远的意义。这里有两点特别值得强调。

首先一点是：民主不是新闻业发展的必要或充分条件。在学者们研究新闻的大部分时间里，他们一直以为这种实践只会在自由民主体制内产生和发展。这种观点或许可以理解。从历史上看，新闻业最早出现在西方民主国家。虽然这种观点可以理解，但它并不准确。新闻业已在世界各地兴起并蓬勃发展,其中许多地方没有民主的历史或经验。新闻业在中东、非洲以及中欧和东欧社会的非民主地区也都蓬勃发展。

我的书有助于推动日渐增强的一种呼声,即呼吁学界对新闻的历史和发展要持有一个更广阔的视野。不仅如此,我们还需要超越“中心”和“边缘”的模式,这些模式对所谓边缘国家的新闻的框定是根据其与假定的西方中心的关系。或许我们甚至可以开始探索相反方向的影响力流动。

这本书的第二点值得强调之处与新闻业的未来有关。如果我的论断是正确的,这个未来并非或者并非完全取决于记者。新闻是一个彻底的公共机构,与相邻的社会场域(尤其是市场和国家)有着深厚联系。新闻业将成为什么样在很大程度上取决于那些其他场域的情况。这样说的意思是:如果我们想预见新闻业的未来,就需要更少地关注新闻本身,而更多关注相关社会场域的动态。

为了研究新闻业的未来,学者们经常采取看似自然的步骤,即去询问记者。这样做可能是必要的。毕竟新闻学研究的学者们研究记者。但如果我的论点是正确的,仅采取这一步骤并不够,而且不太可能得到我们所寻求的答案。

我必须说，我非常享受写这本书的过程。我很高兴地看到它对其他人有帮助，这些人像我一样着迷于新闻与世界各地各种公共生活形式之间的关系。

戴维·莱夫

爱荷华州爱荷华城

2020年6月

推荐序

这是一部小书，并不深奥。作者也说了，这书是写给普通读者的。但它整合了相关的学术文献，是一部“学术型”的科普著作。就其内容而言，这本书既不是指导做新闻的实践手册，也不是解答“什么是新闻”的教材。如书名所示，这本书探讨的是新闻与公共生活，或者说是嵌入公共生活中的新闻。作者的学术背景为这本书的定位提供了极好的注解：戴维·莱夫由学习政治学进入传播学，从研究政治传播尤其是其中的民主商议开始，转入考察新闻生产的过程，再到爱荷华大学新闻与大众传播学院的院长。

作者说，他讲述的是一个关于新闻的故事。这里的“新闻”，不是新闻作品或者特定类型的文本(news)，而是生产和扩散这类文本或再现(representation)的行当及社会实践，在它的认知和话语层面，是一个理念系统。因此，根据不同的语境，这里的“新闻”(journalism)可能指“新闻实践”“新闻业”“新闻界”或者“新闻学”。莱夫明确指出，本书所讲述的，是"新闻实践的故事，而非新闻文本的故事"。如同美国伊利诺伊大学历史学教授约翰·涅荣(John Nerone, 2012, p. 447)所指出的，这里的journalism是"作为主义的新闻"，它是一个"信念体系，界定了新闻职业、新闻媒体和新闻体制所据以设置和展开的实践及其价值"。

莱夫的知识结构和选取的视角，令这本书很有特色。在较短的篇幅内，作者整合了来自不同学科关涉新闻实践的文献，讲述了一个"新闻实践的故事"(story of journalism)。这是一个在特定历史时空点的故事：作为"主义"的新闻，是现代社会生活的一部分，与西方(主要是英、美)以市场经济为基础的民主制度相伴而生。作者讲述的这个故事，既呈现了新闻在现实中如何发生、为何发生，也就是这个故事的经验描述与解读的维度，还整合了新闻应当做什么，应当怎么做，也就是这个故事的伦理规范的维度。不仅如此，在这个故事中，虽然新闻是主角儿，但它始终处于和其他社会生活领域的相互关联之中，在各种力量的相互作用之下。如作者所说，这是一个"新闻与公共生活相关联的故事"，在其中，我们看到的是"公共生活赋予新闻以特定形态和意义"。

以此为路径，新闻中的"主义"，首先体现在新闻的实际运作当中。在此，作者运用主要来自布尔迪厄、哈贝马斯和吉登斯的理论语汇，构想了公共生活的四大领域：经济运作的市场,社会关联的市民社会,意见表达、争锋并汇聚的政治社会,以及公共政策制定与推行的国家机构。这四大领域相互碰撞、此消彼长,在这样的结构性运动和演变中,新闻场域生长、形变,并通过报道和服务这些领域,体现自己的意义。由此形成的新闻场域,有其特定的规则和资源,可供新闻从业者和媒体组织运用,界定且规制自己的行动,还给他们提供论证其行动的话语资源。不仅如此,新闻还是典型的公共型行动,它在公开场合或平台上展开,散播信息于公众,服务公共利益;它还需要公开地论证其自身的合理性或正当性,以此形成并维系新闻业的职业共同体,建立并保持新闻业为公众所认可的认识权威(epistemic authority)。

在莱夫的这个论述框架中,新闻实践在不同时代、不同国家(或政治和媒介体制下)会有差异,在实际运作中,从业者也面对种种不确定性,需要创造性地"临场发挥"。差异与变化是新闻业的常态,但是,在一个足够开放和包容的新闻场域中,受过良好训练的从业者,会探索出新的实践,并论证它们如何与新闻的"主义"相吻合。也就是说,在新信息技术以及新形态媒体发展的今天,传统媒体的困境并非作为"主义"的新闻面临着存亡危机,而是我们面临着挑战,即如何构想它的延续与变化?因为,有公共生活在,就有新闻的"主义"在;公共生活亡,则新闻的"主义"无以存活。

那么,我们需要什么样的公共生活?对此的回答,构成了莱夫所言的“新闻业的想象力”。在此,莱夫所展开的,不是经验的描述和解释,而是对伦理规范和价值的讨论。阅读这部分讨论,我们需要的,是展开日常生活的常识和表述,也就是本书在不同场合多次使用的“日常意识和俗语”(vernacular)这个词。莱夫运用这个词,有去迷思化抽象理论的意味,或者从不同的立场看,是将意识形态常识化的修辞策略,但在我看来,它也有助于剥去一些意识形态盔甲。莱夫的讨论,起于我们在日常生活中天天面对并试图回答的问题:我们是谁?我们希望如何相待?我们更愿意在什么基础上做出判断和选择?正是在回答这些问题的日常生活中,由告知真相、建立共同体、培育商议型对话构成的“新闻业的想象力”得以培育。

对于从事或有志于从事新闻事业的人而言,“新闻业的想象力”是专业精神的感召。但是,这更是全社会的理想,因为有什么样的新闻,就有什么样的公共生活。而构想新闻业,本身就是我们想象并展开公共生活的基本内容。

这样搭建的“新闻业的想象力”视野,囊括了很多学理和实践的议题,莱夫无法在书中一一展开,这个短序中,我也只想简单提及如下几个。

第一,新闻业预设并塑造公众,但公众并非先验的存在,而是一个在信息流动与分享和意见讨论过程中生成的社会形态。涉及这一议题,莱夫讨论了商议型言说(deliberative talk)的概念,提及了哈贝马斯提出的规范型标准:平等,多样,商议,互惠,政治效应,而且引用了哈贝马斯《在事实与规范之间》一书第378页上的一段话,但在此有必要把这个引述表达得更完整一些。哈贝马斯首先以赞同的语调,转述了英国学者 Michael Gurevitch 和 Jay G. Blumler 所论述的新闻媒介在民主政治体系中应当承担的八项使命①,指出它们构成了新闻业的职业伦理和自由新闻业的法律体系的基本原则,随后他指出:

“与商议政治的概念一致,这些原则表达了一个简单的理念:大众媒体应当有如此的自我意识,即它们为公众的启蒙所必备,它们预设、追求并强化的,正是这样一个有意愿学习、有能力展开批判分析的公众;与司法系统一样,大众媒介应当维护自己免受政治和其他社会压力的独立性;它们应当接纳公众的所思所愿,助其成型,增强其批判力,并以对正当化(legitimation)的要求和阐发而介入政治的过程。”

这也就是说,新闻媒体的独立,是生成公众以及有实质内涵的公众同意(public consent)的基本条件之一。

---

① 这八项使命包括:报道和监测社会政治环境,设置当下公众关注的议题,提供各群体表达和争取利益的平台,促进各观点之间的交锋和对话,问责官员和政治权力,推动公民参政议政,以公共服务的原则抵御对媒体独立性的侵蚀,尊重公众知情的愿望和能力(Gurevitch & Blumler, 1990)。

第二，新闻报道事实，表述真相，这是“客观性原则”的实质内容。这一原则要求的不是在争论各方之间的不偏不倚，也不应成为新闻从业者和媒体自我保护的“策略性仪式”；它要求新闻界挖掘事实，核查事实，并在此基础上呈现事实。它还要求新闻界摒弃偏见，直言真话，尤其是面对权力说出真相，也即挑战权威，对之问责。这一态势，如莱夫所说，逻辑地将新闻业的趋向(orientation)调向凸显国家的方向，相对淡化了公共生活中的其他三个领域。不仅如此，这一态势逻辑地引导出诉诸权威、以权威判定事实性的新闻实践，导致所谓“事实”或“真相”沦为对权力的印证。这些貌似相互矛盾的论断，表达了新闻媒体与政治权力之间既相对抗又相依存的结构性关系，在构成民主的公共生活的体制安排下，这种关系本身受到约束，这就是确定经验事实这一认识论的原则。这一原则的调适范围，则是各方行动者向公众论证其认识权威的成功程度。也就是说，这当中有社会认识的必要分工，以及维系这分工体系所必要的基本信任、怀疑和批判。简单地说，新闻业为公共生活所必需，在于它独立地挖掘、核查、报道事实，并因此获得为公众所依赖的、独立于经济利益和政治权力的认识权威(参见 Dzur, 2008; Zagebski, 2012)。

我们由此可推论，新闻业不应有其他道德捆绑，哪怕是出于值得称道的价值考量。这些额外的捆绑，往往体现在修饰新闻业的形容词,如“公共新闻”“社区新闻”“公民新闻”“建设性新闻”等。新闻的实践形态及其可能扮演的角色丰富多彩,包括这些,又远不止这些,它不应被圈禁于其中任何一个模子;民主的公共生活需要所有这些形式的新闻,推崇其中某类的选择,都可能危及新闻业挖掘、核查、报道事实这个基本内涵。

第三,新闻业常常不招人待见,也不令人起敬(Schudson, 2008)。它平淡无奇,又劣迹斑斑,远不若它的职业感召所表达的那么崇高。但这似乎没有什么奇怪。一方面,在与政治共生的关系中,新闻常常沾染了某些政治运作;另一方面,新闻作为公共活动,它的成功和缺陷,都在众目睽睽之下。与此相比,新闻生产的过程却在公众的视野之外,该过程所遵循的程序和逻辑,也被排除在了公共知识之外。更何况,新闻允诺的是报道千变万化、错综复杂的现实生活,误判、失实、缺损等,是新闻业无法根除而且不时复发的顽疾。幸而,如莱夫所指出,新闻业的想象力中有丰厚的“论证的剧目”(repertoire of justifications),而展现它们,或者说论证新闻业的使命、逻辑、原则和操作方法,应当成为新闻业的公共活动之一,成为新闻业参与并帮助形塑公共生活的方式之一。这绝不是为新闻业做公关,而是充分尊重本行业所服务的公众,将新闻业置于公众问责的体系当中,并在不断变化着的环境中,适时地更新新闻实践以及从事这个职业的共同体。以自身的开放和反思，在公众的问责之下，彰显商议的谈话模式，推助民主的公共生活，正是我和陆晔(2017)对新闻业“走向公共”的呼吁。

这篇短序，写于全球不安的日子。在这些日子里，专业新闻媒体不仅在告知人们世界发生了什么，而且在呈现给每一个人：我们在如何应对疫情大流行、经济萧条，以及（不仅发生在美国的）种族和阶层之间的结构性不平等和不公正？我们又如何应对那些不同于自己、不同意自己观点的人类同胞？如果专业新闻媒体让我们看到了自己的缺陷，产生了共情的理解，提升了我们的容纳力，激发了相惜相助的愿望，那就佐证了莱夫关于新闻与公共生活之关系的论述。感谢译者闫文捷博士，我知道她专注于研究民主的公共生活，翻译这本书，我想也表达了她自己的价值观和学术研究的趋向。

潘忠党

2020年6月14日改定于麦屯家中

参考文献

潘忠党、陆晔(2017)，“走向公共：新闻专业主义再出发”。《国际新闻界》，第10期，页91-124。

Dzur, A. W. (2008). *Democratic professionalism: Citizen participation and the production of professional ethics, identity, and practice*. University Park, PA: The Pennsylvania State University Press.

Gurevitch, M. & Blumler, J. (1990). Political communication systems and democratic values. In J. Lichtenberg (Ed.), *Democracy and the mass media* (pp. 269-289). Cambridge, UK: Cambridge University Press.

Habermas, J. (1996). *Between facts and norms* (translated by W. Rehg). Cambridge, MA: The MIT Press.

Nerone, J. (2012). The historical roots of the normative model of journalism. *Journalism*, 14(4), 446-458. doi:10.1177/1464884912464177.

Schudson, M. (2008). *Why democracies need an unlovable press?* Cambridge, UK: Polity Press.

Zagzebski, L. T. (2012). *Epistemic authority: A theory of trust, authority, and autonomy in belief*. Oxford, UK: Oxford University Press.

英文版序

这本书始于一次非正式的谈话。在某次会议上,英国政体出版社的一位编辑提到,政体出版社已开始筹备一套新书,名为"新闻学关键概念",并询问我的想法。我说这主意听起来很棒,然后我说了类似这样的话,"你们出版这套系列丛书的话,少不了一本关于新闻和公共的书。它毕竟也是新闻学中的关键概念。没有关于这个主题的书,任何系列都不完整"。她同意了,然后说,"你应该来写这本书。"我很快答应了。后来,我意识到也许我回复得太快了。当我同意写这本书时,我想到的是一本关于这一主题的"最热门的作品"的汇编。这本书由托克维尔开始,从与李普曼和杜威进行论争,迂回转入哈贝马斯的公共领域。任何熟悉我们领域的人都能讲出这些长篇累牍的内容。"我可以写这本书。"我自信地对自己说。

好吧,事实证明这是我完成过的最难的一次写作。我以为我很了解写作的主题,但结果我错了。在过去几十年里,这一主题在一系列子领域已经取得了大量的成果。其中一些是由新闻学研究以外的学者所发表的作品，这些学者所在的学科很少与我们自己的学科有交叉。例如，最初，我花了六个月的时间沉浸在关于早期现代英语新闻引人入胜的文献中。这些文献主要由历史学家在他们自己的学科期刊上发表，但对于理解
IX 新闻与公共生活关系的历史来说，却极为重要。其他作品由新闻学者们完成，但是出现在各个小的子领域，比如斯堪的纳维亚新闻研究，或者比较新闻研究，新闻生产研究，新闻和技术研究等。还有一些作品从场域理论或制度主义借鉴而来，为新闻学提供了新的理论视角。对于一个习惯于钻研自己所在的新闻生产研究子领域的学者来说，通读这些作品很困难。但当我阅读时，我开始感觉到，尽管这些文献是就不同的主题为不同的读者所写，但它们共同讲述了一个关于新闻的更广泛的故事，而这个故事的核心是一些对于公共的理解。那时我就知道了写一本关于“最热门的作品”的书是不够的。

我花了很长时间才确信自己已经充分研习了这些文献。把故事拼合到一起又花了一段时间，然后花了更长的时间用一种让感兴趣（但非专家）的读者能理解的方式来解释这个故事。最后这一点很重要，因为我期待这本书能得到专家认同。当我开始这项任务时，我意识到自己承担了很大的风险，即错误描述或错误表达一个特定子领域内的某个论点或主题的风险。任何试图跨越多个学科子领域写作的人都会承担这样的风险，这可能是人

们不经常这样做的原因之一。为了规避这种风险，只要有可能，我都会向专家咨询。

我还冒着另一个风险，那就是这本书可能没有像专家希望我能做到的那样来关注某个细节、概念或论点。例如，一位场域理论专家可能会说，我没有公正地对待这一理论。我本应该在这一点上多谈一点，或者强调一下那个概念。或者，一位深谙某国新闻体制的专家可能会抱怨我忽略了有关主题重要的语境上的细节差异。这种风险比简单弄错了什么更微妙，因此也更难规避。

我为这种两难困境担心了好一段时间。最终，我下定决心要面向非专业读者来写这本书。我希望向这部分读者介绍学术研究中正在发生的关于新闻的宏观故事，X
并说明公共的概念为何以及如何对这个故事有至关重要的影响。出于这个原因，我选择总结专家们可能希望阐述的想法，并且（在可能的情况下）避免卷入他们可能希望展开的争议中。自始至终，我为那些有意了解文献中更翔实讨论的读者提供了引文。我的选择可能无法满足不同子领域的某些专家的要求。但是，我希望大多数人在读完这本书后意识到，我并未对他们的论点造成太大的伤害，并且我希望他们在读后能进一步认识到他们的工作如何促进了该领域中更宏大叙事的发展。

不仅如此，我希望普通读者会对公共在这个故事中的中心地位印象深刻。如果我做到了这一点，我就实现了自己的目标。

致 谢

XI 这本书花了好几年才完成,这一路上我积累了很多人情债。我要特别感谢许多读过本书全部章节和部分章节的同事。他们包括:李金铨、朱迪·波伦鲍姆、潘忠党、迈克尔·舒德森、丹尼尔·哈林和西尔维奥·威斯堡。特别感谢罗德尼·本森,在这项研究中他多次为我提供了急需的反馈。我还和很多人谈到过这个项目,我要感谢他们中的一些人提供评论或信息,这些评论或信息已经被吸收进书稿。其中包括丹尼尔·克莱斯、彼得·伦特、拉斯穆斯·克莱斯·尼尔森、马修·卡尔森、C.W.安德森、丹·伯克维茨、苏·罗宾逊和塞思·刘易斯。我还要感谢政体出版社的几位匿名审稿人,他们为改进书稿提供了有益的建议。特别感谢安德烈亚·德鲁根,是她让我有了写这本书的想法,感谢政体出版社的埃伦·格里菲斯,在我慢慢地把手稿拼凑起来的过程中,埃伦对我格外耐心。

戴维·莱夫

引言[1]

新闻学研究在上一代取得了多方面的长足发展。学者们从媒介体制(Hallin & Mancini, 2004)和新闻场域(Benson, 2013)的角度考察了新闻。新闻或被视作某种制度规范(Cook, 1998)、组织机构(Ryfe, 2012)或生态系统(Anderson, 2013)。另有学者将新闻定义为一种职业(Waisbord, 2013)和一套角色构想(Weaver & Willnat, 2012)。还有学者对新闻历史进行了梳理(Hoyer & Pottker, 2005),并对多种背景下的新闻实践进行了对比(Canel and Voltmer, 2014)。 1

随着研究的不断积累,对新闻的讲述也变得越发清晰。其讲述核心在我看来其实是一个相对简单的观念,即新闻倾向于描述其所处的公共生活的样貌。这不是一个新观点,有关这一观点的各种表述至少可以追溯到十九世纪早期。托克维尔(Tocqueville,

---

① 本书中的“新闻”(journalism)概念根据不同的语境可用来指代“新闻业”“新闻实践”“新闻界”或“新闻学”,单独取其中一种含义和译法可能在理解上产生不必要的局限。因此,译者在文中大多将其译作“新闻”,以供读者在具体的语境下做出具体的理解,另有少数特别的地方,将其翻译为“新闻业”“新闻学”等。

1840/1969)的名言“报纸成就社群,社群成就报纸”(p. 517)便是其中一个例子。另一个现代版的例子则是凯瑞(Carey, 1987, p. 5)所说的公共性是新闻的“圣谕”,它“无所不在,凌驾于一切之上,无此特性的新闻将变得毫无意义”。这一观点看似简单,实则不然。人们并不总能就此达成共识,或者领会其中的意义。数十年来,大多的观察者们以为同质形态的新闻会自然促生一种固定形态的民主公共生活,他们认为,新闻越这样,则民主越多,反
2 之亦然。近期的研究则表明,这一结论过于简单。公共生活对新闻的影响相当复杂,常依赖于众多变量和制约条件。然而,这丝毫没有削弱上述观点的威力。数百年间观察者们不断重提这一观点,并且如今这一观点还激发了大量有关新闻的思考,这些都是有道理的。也许还没有另外哪个观点能对新闻实践作出如此贴切的阐释。

在以下章节里,我将依托“新闻是对其情境的反映”这一概念来讲述研究文献所呈现的新闻故事。这个故事的扣人心弦之处在于两方之间的博弈,一方是一个寻求更多自治权的行业,另一方是能影响该行业之形态和目标的周边社会场域。即便在美国和加拿大,尽管新闻业曾一度享有高度自治权,但它也从未实现对其生存条件的完全控制。新闻业与其临近的社会场域间总是存在模糊的边界,特别是和国家之间。另外视情况而言,新闻业与市民社会、政治社会或者市场之间的关系也是如此。因此,新闻业与这些社会场域之间总是处在博弈之中。我们将看到,这个有关新闻的故事中充满了偶然性和可能性,而不是必然性,但是博弈打造了新闻的形态和

意义。

这个故事不是凭空出现的。相反，它的建构一部分基于早前有关新闻与公共生活之间关系的思考，一部分基于对这些思考的回应。既然如此，那从关于两者间关系的传统故事讲起便很合理了。

传　统

故事开始于中世纪。现代新闻写作兴起之时恰逢欧洲君主制的崛起。十五世纪晚期流传于威尼斯城的手抄外交新闻折帖是现代新闻采集的最初形态（Stephens，1998）。到十六世纪中叶，除折帖外还有了时不时的新闻信札、歌谣和抨击文；十七世纪早期则在英格兰、德国、比 3
利时和荷兰出现了最早的期刊。随着君主国的扩张，新闻体制也得到了发展。两者能够共同成长有赖于以下几点原因。首先，君主政治的另一个名字是官僚制，居住在君主国家内的士兵和官僚构成了最早的新闻信息源（Dooley，1999）。其次，当君主国通过发动永无休止的战争以实现对更广阔疆域的控制，并且将这种控制集中在城市中心（比如伦敦或巴黎）的时候，对新闻消息的需求随之产生。这种需求一部分是由于贵族中有些人对战争近况感兴趣，更多的则是因为居住在乡间的贵族家庭迫切地希望获知伦敦的政治境况，但由于地处偏隅无法获得一手信息。一位十七世纪的英国观察家曾说过："你无法想象人们渴求新闻的心痒之症已严重到何种程度"（引自 Atherton，1998）。而早期的新闻信札满足了这一渴求。

伴随着新闻写作者数量的增加以及新闻数量的倍增,君主国采取的两项政策——管制和补助——使君主国和萌芽中的新闻体制进一步纠缠在一起。

官方开始制定关于何种条件下谁可以收集和传播新闻的新规则。例如,新闻审查制度成为遍布欧洲的规则,鲜有例外(Popkin, 1990; Roche, 1989; Todd, 1991)。当官方无法通过管制来控制新闻时,他们会试图通过课税和收取"保证金"的方法达到这一目的,后者是一种债券或防损害的押金(Curran, 1978; Starr, 2004)。当这两种手段都无法成功遏止新闻增势时,君主国会直接向其偏爱的新闻机构发放补贴。譬如说,在欧洲各国当局对新闻生产者进行罚款、关押和收税的同时,他们还会经常花钱雇作者和出版商来生产官方新闻(Starr, 2004, p. 39)。

4 这段历史为十七世纪六十年代英国内战前后出现的最早一批关于报界及其和公共生活关系的理论做了铺垫。那时,一些像约翰·米尔顿(John Milton, 2014)这样的作家开始主张一个自由的新闻界(被定义为不受国家干涉的新闻界)是成就更加民主的公共生活的关键所在。根据这一主张,新闻被视为一种能够协助公众获取更多政治和政策制定方面控制权的外部力量,公众在这里被定义为居于某个地理疆域内的公民群体。在此后的数十年间,其他一些思想家,例如巴鲁赫·斯宾诺莎(Baruch Spinoza)、孟德斯鸠(Montesquieu)和托马斯·杰弗逊(Thomas Jefferson)等人纷纷拥戴米尔顿的主张

(Keane, 1991; Levy, 1985)。他们每个人遵循的逻辑都是一样的:要实现有效运转,民主的政府需要拥有合法性;这种合法性只能通过执政透明来获得,即公民需要知道政府在做什么,而且有机会讨论和辩论这些政府行为;在一个大型社会中,这些思想家不禁发问,如果不是通过新闻这一渠道,上述一切还将能如何实现呢?按照这个逻辑,新闻界是不可或缺的,因为没有了它,整个民主大业将不可能实现。

一个肇始于十七世纪看似激进的观点,到了十九世纪变得再寻常不过了。例如,约翰·斯图尔特·密尔(John Stuart Mill, 1859/1978)在其十九世纪中期的著作中为自由主义的经典辩护便始于这样的观察:自由的新闻界对民主社会的重要性"在今日已无须赘言"。对密尔而言,这一观念早已成为共识。托克维尔(1840/1969)提出了也许是十九世纪关于这一论点最著名的论述:"人们之间越平等,报纸就变得越不可或缺。如果我们认为报纸只是保障了自由,那我们就低估了其重要性;报纸维续了人类文明。"(pp. 517-518)

然而托克维尔对此发展所持的态度并不像人们所设想的那样乐观。他认为,在一个民主国家,权力正在以一种全新而隐匿的方式运行。他写道:"君主们使压迫成为现实。"借此他想说明的是当公民采取行动时,君主们会以暴力回应。而托克维尔认为在民主国家内,压迫是以不同方式展开的。他写道:"当今的民主共和国把'压迫'完全变成了一个脑力活。"(p. 255)。民主社会中的大多数人界定个人自由的方式是建立一套关于什么可以信、 5

可以说和可以做的普遍看法。这套常识使人们不必诉诸暴力,因为人们会自然地规束自己的想法和行为。托克维尔为这种新型的权力起了个名字,叫做“多数人的暴政”。新闻界是这一权力的同谋。托克维尔注意到,在民主社会里,报纸不仅是自由的工具,同时也是压迫的工具。

二十世纪最早一批有关新闻与民主的现代社会学研究者也抱持托克维尔的悲观态度。比如,塔尔德(Tarde,1901/1969)告诫人们“见识只来自一本书的人是令人担忧的……但是和见识只来自一份报的人相比,会是怎样”(p. 283)。塔尔德强调,报纸非但不能确保独立与自由,反而容易使读者“同质化”和“耳朵软”。换言之,新闻可以令记者和政客们轻易地操控公民。汤尼斯(Tonnies,1916/2000)发表于同一时期的著作更加犀利。对他而言,现代新闻界不过是“充斥着刺激性新闻、浮夸和忽悠的表演”。他总结说:“永远不可能从报纸上得到对于新闻的真正讨论或真诚对待。”(p. 153)

沃尔特·李普曼(Walter Lippmann)将这些忧惧整合为关于现代新闻和民主理论的批评,新闻在那些民主理论中扮演了重要角色。李普曼首先承认新闻界“并不像很多观察家以为的那样普遍都坏”,尔后他运用常识列举了各种各样的问题。首先,现代社会过于复杂,日常新闻过于零散与昙花一现,以至于新闻很难呈现出准确的现实图景。其次,报纸过于商业化和喜好刺激性,使它甚至懒得去描绘这样一幅图景。再次,即使报纸希望去尝试,由于政治和经济精英们对管理新闻动力十足,他们不会允许报纸这样去做的。最后,即便出版社、记者、决策者和商人通力合作为公众提供信息,读者们也没有认知能力来掌握所有必要的信息,就每项事务形成有依有据的观点。李普曼的结论是:“如果报纸的职责是将公共生活的全部解释给公众,以便每个成人可以对每件有待决 6
议的事形成自己的观点,那么报纸是失败的,它必然会失败,并且我们可以预见它在未来还会失败。”公众充其量是个“幻影”,是拥有政治权力的人杜撰出来的,是相当顺从的新闻界宣传出来的。李普曼的观点令约翰·杜威(John Dewey, 1922)大为触动,以致杜威将其称作“迄今用笔写就的对民主制度最有效的控诉”。

奇怪的是,虽然被广为传阅,但李普曼的控诉时至今日并没有对常识产生多大的影响。贯穿二十世纪,人们仍然普遍认为一个自由的新闻界对现代民主是至关重要的。二十世纪,欧洲政府对新闻界的补助正是基于这个设想。在美国和加拿大没有对新闻业的直接补贴,但是,新闻业享有巨大的象征权力,很大程度上是得益于它的“政治自由之堡垒”的名声。记者们当然没有理由去打破这种看法。在二十世纪早期,新闻逐渐成为一个富有内聚力的社会领域,其部分依据是这个行业在民主社会中扮演着重要角色。举例来说,1909 年成立于美国的职业记者协会的目标是:“确保美国宪法中拟定的自治概念一直保持实现状态并持续到未来各世纪,美国人民必须掌握充足信息,以便决策处理他们的生活、本地社群和国家事务,而记者的职责就是提供这些信息。”与此类似的,欧洲记者联盟(一个代表欧盟内记者的组织)的目标是“推动新闻的社会功能以及新闻对民主和自由的贡献”。在每一个新闻专业化的地方，其组织原则都是新闻对民主的公共生活应做出贡献。

就这样，有关新闻与公共生活的故事诞生了。它始于数百年前，随着时间的推移，到了二十世纪已然成为颇具影响力的常识性观念。在过去的几十年里，记者们已
7 把这个观念传到全球(Chalaby, 1996)，这部分地归功于政府的帮助(Siebert et al., 1956；Blanchard, 1986)，另外学界也对其扩散起了推动作用。譬如，现代化理论的倡议者们认为社会发展遵循着从传统社会到现代社会这一线性顺序。他们将一个西方式新闻界的出现视作这种转变发生的重要标志(Lerner, 1958；Schramm, 1964)。广而言之，正如泽利泽(Zelizer, 2012)所注意到的，“西方新闻学研究……往往倾向于将新闻与民主的关系视作我们理解新闻究竟为何的必要的一部分”。即使在今天，大量的新闻学研究仍是在试图回答新闻是否以及在何种程度上有助于民主公众的形成这一问题。

结果产生的是一个关于新闻与公共生活的特别的故事。在这个故事当中，新闻的诉求相对有限，主要局限于对政治的报道。也许还有其他形式的新闻，例如小报、评论和娱乐新闻，但它们通常处在这一职业的边缘。新闻首选的实践形式归结为一套核心要素，比如核查和平衡，而这些要素又都是环绕在客观性这个概念周围的(Kovach & Rosenstiel, 2001)。这个故事中的公共这一概念同样是有限制条件的。它主要局限于生活在国家地理边界内的全体公民。举个例子，如此定义公共，市场不

在这一概念范围内，国家也不在。有了这些常备概念，我们的故事将展现两套可能的情节：新闻也许能够推动公众参与民主生活（由此扮演英雄的角色），也许不能（由此扮演反派的角色）。这个故事几个世纪以来无数次上演，也因此在很大程度上体现了人们对新闻与公共之间关系的一些常识性看法。

一个新方法

在过去数十年，学者们在逐渐削弱这一常识。一方面，历史学家们指出新闻业不是一个独立和单一的客体。 8
相反，它的形式和内涵都在随着时间不断变化。新闻（journalism）一词本身直到十九世纪三十年代才被发明使用，并用来特指当时出现在美国、法国和英国的商业新闻机构。在此之前，有记者但没有新闻业；有新闻（news），但是新闻会随着时空变换而具有不同的含义。这一点在一系列有关十七、十八世纪英语新闻生产的精彩文献中有很好的展现（Doty，2008；Halasz，1997；Peacey，2013；Zaret，2000）。像欧内波茵（Ornebring，2017）所说的，无论是以小册子还是信札的包装形式出现，新闻在这个时期都算不上“报道近期事件的‘新闻’。相反，这时的新闻主要是一些旨在表达和影响舆论的批评和评论”（p. 75）。无论是通过手抄还是印刷，十七世纪的新闻都根植于口述传统，这使得它的形式和内涵与今天的新闻截然不同。简言之，那些认为新闻业只有一种形式的说法在历史学家们看来都是极其罔顾历史的。

这种观点对我们讨论的另一个关键词——公共(the public)——同样适用[①]。从传统的视角看,公共被视为生活在特定地理边界范围内的公民群体。这是一种特有的西方式的现代定义,但同时还有其他的定义方式。例如,我将在第一章中提到,“公共”最初的含义是指国家,而不是公民群体。在不同的时间与场合,公共曾被用来指代市民社会、政治社会,甚至经济市场。换言之,“公共”一词具有多种含义;我们今天常用的定义只是其中一种,即:“居住在民族国家边界范围内的人们。”这一点在新兴的比较新闻学研究中得到了印证。以中国为例,新闻写作在中国出现的时间比在西方早了好几个世纪,但是在其漫长的历史中,中国经历民主的时间也不过数十年。在中国,公共几乎是国家的同义词。因为这个原因,在中国新闻与公共的关系几乎无法套用西方经典来理解。这样的例子还有很多,这也令很多学者不禁怀疑新闻学经
9 典不仅缺少历史注解,而且还是以西方为中心的(Curran & Park, 2000; Downing, 1996)。

这两种想法加在一起让各种思考活跃起来。我们不仅不能带着一个对新闻固定的定义去思考,而且也不能假定不变的公众。相反,我们必须考问不同形式的新闻是如何从不同形式的公共生活中出现的。我们的焦点不再是“公共”或者“新闻”,而是集中在两者的关系上。这种从关系着手的方法为重新思考新闻与公共的关联开辟

① 英语的 public 一词在不同历史阶段出现了许多不同的意思,对应中文可以表示公众、公共、公开等多种含义。译者结合书中的上下文语境选取该词语对应的中文概念进行翻译。

了道路。

西伯特等人所著的《传媒的四种理论》(1956)代表了一个通向这一新方法的桥梁。他们的论著是最早认识到以下问题的研究之一,即“新闻界总是呈现其所处社会和政治结构的形式和色彩”(p. 1)。他们的论点预见了这样的观念,即新闻业在与其他公共生活领域的互动中获得一致性。但是在有些方面,“四种理论”和传统观点一样抽象、死板。比如,它认为在特定的社会中,新闻到处都一样。无论是一份另类的周刊,还是一张全国性日报,一份报纸,或是电视新闻,在一个自由主义社会中所有的新闻机构都受到同样理论的影响。另外,就像现代化理论一样,在其理论叙事中有一种清晰的历史进步感:西方社会被认为是从新闻的威权理论逐渐转向更为现代和先进的自由主义理论,并最终转向社会责任理论(Nerone,1995)。最后,在某些方面其论点仅仅是对传统观点的颠倒。过去的论点认为新闻业为出现单一民主公众创造了条件,如今的论点认为公众为出现单一形式的新闻业创造了条件。西伯特等人认为新闻业和公众之间很少互动。

现代的方法保持了西伯特等人的观念,即新闻的“着 10
色”来自“其所处社会和政治结构”。但这些方法对以上观念也做了重要的修改和补充。在第一章,我们将更加全面深入地讨论这些新增内容,但先让我简要回顾一下其中最重要的三点。

哈林和曼奇尼的媒介体制的三种模式是一个不错的起点。两位作者要解决的是类似西伯特等人探讨的问题:为何英美和西欧的媒介体制结构彼此之间如此不同?像西伯特等人那样,他们的答案是公共生活的结构方式。"四种理论"的作者从公共哲学(比如威权主义和自由主义)的角度来理解公共生活,哈林和曼奇尼则是从四个经验上可及的维度来定义公共生活:(1)**政治平行性**:媒介体制在有些社会里和政治政党系统相平行,在其他社会则不平行;(2)**职业化**:在有些社会中新闻已职业化,在其他社会尚未职业化;(3)**国家干预**:在有些社会,国家大力干预了媒介体制的构成,在其他社会则没有;(4)**大众市场**:新闻的大众市场在一些社会得到发展,在其他社会却没有。哈林和曼奇尼认为,这些维度上的差异造就了不同类型的媒介体制。而且,由于国家群体(斯堪的纳维亚,英美,南欧)往往在这些方面表现出类似的变化,这些社会内的媒介体制趋于彼此相似(由此才有了媒介体制的"三种模式")。

对于哈林和曼奇尼而言,公共生活不是一个物体(或者概念、哲学),而是许多要素在时间上相互作用。也就是说,各要素之间的关系,以及各要素和新闻之间的关系都可以随时间发生变化。社会科学家是有可能去测量这些要素,探测它们之间如何互动,以及追踪其历史轨迹的,用以评估新闻如何以及为什么会表现为这样的形式。

哈林和曼奇尼不遗余力地界定其结论(Hallin & Mancini, 2012)。他们将其模型形容为"理想模式"。他
11 们承认,在模型中归类在一起的国家之间存在很大差异。他们也承认媒介体制不是同质的。媒体在特定社会中可能会以不同的原则运作。他们注意到媒介体制不是静态

的，同时观察到媒体塑造公共生活就像（如果不是同等程度上）公共生活塑造媒体一样。他们写道，这些模式“不应当被视为在描述一组固定的特征，而应被视作在识别一些潜在的系统性关系，帮助我们理解媒介体制内随着时间而发生的变化”（p.12）。尽管如此，正如布鲁格曼等人（Bruggemann et al.，2014，p.1038）所说，自该书出版以来，它已经成为新闻学和政治传播领域中大量比较研究的主要参考依据。

然而，尽管这本书的价值在于激发新的思考，但它也有局限性。一方面，它把自己局限于媒介体制的层面，没有考虑到不同的新闻机构可能在公共生活中占据不同位置。另一方面，它并不能确切地解释不同的公共生活结构如何对新闻产生不同的结果。在几个地方，哈林和曼奇尼模糊地提到了特定系统演化中的“共存”和“反思”。例如，在讨论“民主－法团”模式时，他们追溯了在变量（大众市场、专业化和政治平行化）和媒介体制结果之间的若干“共存”的历史发展，但没有直接涉及为什么这些并存应当产生这个结果而不是另一个结果的问题。简而言之，他们的描述多过解释。考虑到他们研究的探索性，这是合理的，但仍有工作要做。

其中，有些工作是从另一个角度，即场域论的视角完成的（Benson，2013；Benson & Neveu，2005；Willig，2012）。社会科学中的场域论源远流长，可以追溯到二十世纪三十年代（Mey，1972；Martin，2003）。但是，在新闻学学者中，布尔迪厄（Bourdieu）的版本最具影响力。布尔迪厄的研究可能相当复杂，我们将在后面的章节中对

其进行更详细的讨论。在这里，我只想举几个基本的例子，以说明他的想法如何填补了哈林和曼奇尼分析中的
12 一些空白。首先，对于布尔迪厄来说，哈林和曼奇尼所指认的公共生活领域——国家、政治社会、市民社会和市场——与其说是公共生活的维度，不如说是泾渭分明的社会场域。布尔迪厄将社会场域定义为一个社会空间区域，该区域由“活跃在有关的社会宇宙中的属性集合”组织起来(p.724)。他称这些属性为资本形式，它们是定义任何特定社会空间的基础。此处对布尔迪厄为何选择经济学的语言(如“资本”一词)来描述社会不做探究(另参见 Bourdieu & Wacquant, 1992, pp.118-120; Brubaker, 1985, p.749; Lebaron, 2003)；只需理解，尽管资本可能表现形式多样(经济、文化、象征)，但通过建立象征性的对立和等级制度，它可以社会场域内组织和排列空间。

以国家为例，来看看这是如何发生的。国家是由其独特的资本形式组织起来的社会场域(Bourdieu, 1986b)，其中最重要的是法律。从根本上讲，法律是一种逻辑，一种理解和表现世界的方式。因此，它包含了信仰偏好、规范、价值观、语言、做法、身份，以及角色。除此之外，这种逻辑还建立了象征性的对立。在国家内部，一项行动可能是合法的或非法的(或者或多或少合法)。这不同于，比如说，有助于组织民间场域的道德或不道德之间的对立，也不同于有助于组织经济场域的有利可图或无利可图之间的对立。法律还为国家内部的区隔奠定了基础。一个人越熟悉立法逻辑(例如如何运用法律术语说话)，他积累的这种形式的资本就越多，相应地，他在这一

场域中获得的地位也就越高。通过这些方式，法律及其伴随的价值、规范、惯例、做法、行为和身份有助于组织和安排我们称之为国家的社会场域。

布尔迪厄认为，社会场域中各种形式的社会资本对行动者施加影响的方式与物理场（如引力场或电磁场）对物体施加力的方式一样：都是通过牵拉并推动进入其场域轨道的行为体。重要的是，布尔迪厄认为这些力量是相互关联的。在引力场中，引力产生于物体之间的相互 13
关系。一个物体的质量越大，它对其他物体的作用力就越大。同样，社会场域内的行动者可能或多或少地积累其场域特有形式的资本，从而对其他行动者施加的影响力也或多或少。在一个社会场域内，影响力是由行动者之间的相互作用产生的。跨社会场域也是如此。没有一个社会场域是独立且完全自主因此不受其他社会场域影响的。相反，社会场域相互碰撞，甚至相互融合。每个场域特有的资本形式之间相互推拉。它们会产生摩擦，继而激发行动。

这些概念如何帮助我们理解公共生活与新闻的关系呢？好吧，将新闻视为一个社会场域。用场域论的术语来说，当我们说公共生活给新闻“着色”时，我们的意思是：公共生活的各场域（例如国家、公民和政治社会以及市场）包含独特的资本形式；这些资本形式包括价值和规范、身份和举止、做法和套路；因为新闻业介于公共生活的社会各场域之间，这些场域得以对新闻业和新闻记者施加或多或少的影响，将他们向不同的方向推拉。国家将其向一个方向拉，市场向一个方向拉，市民社会向另一个方向拉。正如哈林和曼奇尼所言,这种推拉的结果取决于社会场域的精确配置、所涉力量的相对强弱,以及新闻的反击能力。

至少在英语世界中,没有人比罗德尼·本森(Rodney Benson)更好地整合这些洞见来理解新闻(Benson, 2013; Benson and Neveu, 2005)。继布尔迪厄之后,本森(Benson, 2006)将新闻想象为一个社会场域,首先由经济资本(发行量、广告收入、收视率)和文化资本(知识、专长、资质和类似的新闻界看重的东西)所形构。他继而提出国家可用媒体政策的形式对新闻场域施加压力。因
14 此,在本森看来,新闻业被国家推向一个方向,被市场推向另一个方向,在其内部则被职业文化所推动。

在一系列研究(2002, 2005, 2009, 2010, 2013)中,本森使用关系图比较了法国和美国的新闻业(本书第二章的主题)。他发现,法国的新闻业不像美国新闻业那样以市场为导向。法国的广告支出比美国低得多,发行率也要低得多,法国的新闻公司往往是私有公司而不是上市公司。此外,在法国,国家有对新闻业进行大力干预的历史,而这在美国几乎不存在。从历史上看,法国新闻业一直集中在巴黎,脱胎于巴黎的文学和政治圈。自那以后,新闻业一直保持着这种联系,使该场域比美国更注重政治和文学。

本森认为,新闻在公共生活中所处位置的这些差异,导致每个新闻场域运转"逻辑"的不同,进而导致新闻形式的不同。法国新闻往往比美国新闻更具文学性和辩论性,代表更广泛的政治行动者的观点,并根据这些行动者

之间的争论来组织新闻。相比之下，美国新闻则更倾向于“以事实为中心”，更受精英驱动，在个性化叙事方面更具戏剧性，在政治上更中立。本森小心地指出，两者并不完全对立。法国和美国的新闻业如出一家但又不完全相同。它们之间的差异是由于新闻在公共生活中所处的位置不同。我们将在第二章中更详细地讨论这些差异。

场域理论在很大程度上填补了用哈林和曼奇尼的公共生活维度来解释新闻结果时出现的漏洞。特别是，它的社会场域概念很好地解释了公共生活的各个领域是如何对新闻业施加压力的。但和哈林和曼奇尼的“三种模式”一样，场域理论也有不足之处。例如，它很少提到机构在公共生活中的作用。在布尔迪厄的想象(1985)中，公共生活是由不同阶层的人而不是机构所组成的。它还 15
模糊地描述了个体行动者在社会场域中的行为方式，但这种说法并不总是具有说服力。布尔迪厄认为，社会场域的逻辑并不决定个人的行动。相反，它塑造了他所谓的“惯习”(habituses)。他(1977)指出，如果不是因为“习惯”暗指死记硬背，他宁愿使用更传统的“习惯”一词(p. 218,n. 47)。在其他地方，他把“惯习”定义为一种“把握事物的经验感”，或是行动者在融入某个场域的过程中养成的“懂行感觉”。然后他将这个术语直接与身体联系起来，认为惯习是一种“身体的状态”，而不是“精神状态”(p. 68)。栖居于某种惯习是一种身体的惯性，一种内在的、基本上未经思考的举止和情感。它“指代一种存在方式，一种习惯状态(特别是身体状态)，尤其是一种性情、趋势、倾向或意愿”(1977, p. 214)。一旦进入一个社会场域,人们就会养成其中的习惯。换句话说,他们学着掌握游戏规则。这样,场域(或结构)就创造了条件(游戏规则),让个人可以采取行动,但这些条件不会决定是哪种具体行动。布尔迪厄还用“幻象”(illusio)一词来形容人们在场域逻辑中需要进行的投资——一种“心照不宣的‘承认’,认为值得努力去争取那些会在场域中发挥作用的东西”(p. 78)。

在惯习的概念中,布尔迪厄试图展示结构如何影响行为但不决定它们。从概念上讲,这种想法是有道理的。正如国际象棋包含了一套游戏规则,可以影响人们在下棋时的行为方式而无须确定行为本身,所以惯习在社会场域的游戏中也可以扮演同样的角色。然而,从经验层面看,布尔迪厄的分析倾向于得出结论,认为行动者是简单地复制了他们所栖居的场域的逻辑。这引得许多评论者质疑,为什么惯习不仅仅是一种习惯,以及按照布尔迪厄的概念,行动者在抵抗他们所栖居的场域的惯习时实际上具有怎样的自由(有关讨论见 Calhoun et al., 1993)。换言之,为什么社会场域被认为赋予了个人创造力,但最终他们几乎总是重复同样的结果?我认为,这一
16 困境之所以出现,是因为布尔迪厄缺乏一种恰当的语言来定位个人行为的偶然性和创造性,即其理论的中心议题。

制度方法在这方面有所帮助。它们将布尔迪厄的资本概念分解为两个概念:规则和资源。这两个概念的相互作用有助于厘清资本形式与行为之间的联系。一些作者指出,制度主义与场域论有着相似之处(Mohr, 2000,

p. 56；Martin，2003；Benson，2006）。特别是，和场域理论一样，制度主义把社会生活想象成被分化到泾渭分明的各种领域的活动。然而，与场域理论不同，制度主义认为这些领域是由机构组成的。迪马乔和鲍威尔(Dimaggio & Powell，1983，p. 148)阐明了制度主义者针对这些领域提出的一个主要问题："为什么这些机构的形态和运作有如此惊人的同质性？"制度主义者认为，答案与建造机构领域的规则和资源的性质有关。

可以借助一个例子来解释制度、社会规则和资源的性质。假设我进入一个编辑室，当我环顾四周时，我发现编辑和记者们在按照某种顺序先做这个，然后是那个，再然后是这个。"这个、那个、这个"代表了反复出现的行为模式，在这个意义上，我们称之为制度(March & Olsen，1989)。从这个意义上说，制度无非就是作为一系列规则缝合在一起的行为模式：在制作新闻时，必须做这个，然后是那个，再然后是这个。世界对记者而言就这样被预先塑造好(对所有社会行动者而言都是如此)，组织成行为模式(和相应的规则)，这些模式已经被刻入人们在社会生活中经常遇到的情况中。

这些情况中隐含着首选角色或身份。当我采取一种行为模式时，我也会采用与该模式相关的身份。例如，当别人看到我表现得像个记者时，他们自然会认为我实际上是个记者，我也开始这样看待自己。例如，作为报纸编辑部民族志研究的一部分，我以一名初出茅庐的小记者的身份每周工作两天(Ryfe，2012)。一开始，记者的行为 17
对我来说很陌生。向采访对象自我介绍是记者，我觉得怪怪的。写作形式也觉得别扭,我几乎没有新闻判断。然而,到了六个月结束时,这些模式开始变得熟悉起来。随着我越来越像一名记者,我对作为一名记者也感到更加自在。身份认同和社会环境中的规则相伴而来。

这些模式是如何形成的?为了回答这个问题,让我们来看另一个例子。想象一下,现在是1939年,你刚刚与合伙人威廉·休利特(William Hewlett)在硅谷创建了第一家初创科技公司。这样的公司在这个地区以前从未有过,所以你有很多问题要处理,从建筑的布局方式到你出于各种工作考虑选定的头衔,应有尽有。不过,你不是从头开始,因为有来自其他组织和行业的先例。你自己也曾在通用电气工作过一段时间,因此可以把你在那儿的经验用作指导。久而久之,你会做出决定,并为公司建立起节奏。最终,一家新的初创公司在街区内开业了,并挖走了你的一名员工。这名员工把你开创的经验带到了新公司。这家新公司并没有白费力气做重复工作,而是模仿了你的做法,然后另一家新公司开业,也采用了你的新做法。毕竟,成功模式在手,何必再费力摸索?制度主义者将此称为"路径依赖"。正如皮尔森(Pierson, 2000, p. 252)所解释的,路径依赖意味着随着社会行动者沿着一条特定的路径走下去,"与其他可能的选择相比,沿着这条道路走下去的相对利益"会随着时间的推移而增加。换言之,对一个机构来说,采用现有的行为模式比花成本搞新发明更为合理。这表明,随着时间的推移,特定场域内的机构将越来越相似。换句话说,它们将采取相同的制度模式。这种情况得以发生,一部分是通过同构(机构相互复制)，一部分是通过企业家精神(个体将新想法传授给其他机构)。

现在我们来谈谈资源这个概念。当资源聚集在周围
时，行为模式就变得制度化(或重复出现)。资源是布尔 18
迪厄资本概念的一种变体。史威尔(Sewell, 1992, p. 9)将其定义为人力的(知识、地位)和非人力的(金钱、技术)“权力媒介”，这意味着个人(和机构)可以通过积累它们，从而对世界行使更多的控制和权力。这两种资源都倾向于在组织社会生活的行为模式即规则周围聚集。例如，客观性是新闻活动的一个主要模式，在报道新闻时，记者采取的行为方式(核实信息、平衡一种观点与另一种观点、咨询多个新闻来源等)共同构成了关于客观性的常规做法。久而久之，资源围绕着这些做法和价值观汇集起来。例如，一个记者越客观，他就越会受到其他记者的尊敬，因此他获得的地位也就越高。他还可能获得物质资本，表现为更好的任务、更好的工作和更高的工资。他积累的资源越多，对成功的投入就越大，也就越有可能复制客观性规则。

这些概念——制度、规则和资源——开始揭示布尔迪厄的资本形式如何激励行为。我们已经确定，新闻包含着人们所偏好的行为模式。这些模式与身份认同(身为记者，以及被他人认可为记者)有关。而且，随着时间的推移，资源(人力的和非人力的)已经聚集在它们周围。即便如此，任何特定的新闻机构或个别记者也可能会决定不采用这些模式。例如，他们可能决定以热情为指引，而不是去追求传统、客观的报道。但是，如果他们这样

做,他们会冒风险。由于客观性是当代新闻观念的核心,因此他们冒着其他记者将不再把他们视为合法记者或根本不再视其为记者的风险。换句话说,他们可能失去地位。他们也可能会赔钱。广告商可能不希望在不合法的新闻机构投放广告,传统的新闻机构也可能不希望雇用
19 有偏见的记者。那么,并不是客观性决定了行为,更准确地说,它对行为施加了影响。新闻场域内的个人和组织将客观性理解为一种制度化的实践和价值观模式,他们认识到,象征性和物质性利益流向了采用这些做法和价值观的记者。换言之,他们知道人们对他们的期望是什么,也知道什么是合法和适当的新闻做法。知道了这一点,大多数记者和新闻机构在大多数时候都不会冒偏离规范或人们期望的风险,特别是当回报恰恰来自这些规范的时候。在大多数记者一般都遵循其价值观和做法的情况下,客观性往往会作为该场域中一套反复出现的做法而持续存在。

这就是新方法的开始。如西伯特等人(Siebert et al., 1956)所言,新闻界被其所处的政治结构着色。然而,公共生活不是同质的,而是分为不同的领域或范围。这些领域按资本的各种特定形式或逻辑组织起来,它们对进入其轨道的个人和机构施加某种引力。资本的这些形式由规则和资源组成,它们相互作用,影响场域内的行动。

因为将工作重点放在特定的子领域(如媒介体制、比较分析、组织研究和角色看法),所以那些创建了这个故事叙述雏形的学者们并没有把问题说清楚。这就是我们

在这里要做的。我们将在下面的章节中展开更多的细节。我们将看到,这个叙述的价值在于它的严谨性、灵活性和解释力。之所以严格,是因为它确定了可检验测量的标准。之所以灵活,是因为它开辟了道路,可以评估社会内部和不同社会中的各种新闻样式。同时它也是强大的,因为它跨越了不同分析层次(个人行动、制度和系 20
统),提供了一个关于新闻的连贯而全面的故事,包括它的历史,当前的实践,以及可能的未来。

这个故事叙述的核心是新闻与公共生活的关系。凯瑞(Carey)不知道在他写"公共性"是新闻的"圣谕"时有多正确。事实证明,公共生活决定性地影响着新闻的形式和意义。我们将在这本书的其余部分来探讨这意味着什么。

本书章节可以按任何顺序阅读,但第一章对"公共"和"新闻"这两个关键词给出了更广泛的定义,并利用现有文献建立了它们之间的关联模型。随后的章节将此模型应用于特定的新闻业形式,或与新闻有关的问题。

第二章通过对美国和法国两种最早的新闻业形式的探索,解释了新闻是如何产生的。此外,它还展示了新闻业形式的差异及其原因可以追溯到它在公共生活中的位置,展示了该位置会如何随着时间的推移而演变。

第三章论述规范传统。布卢姆勒和库申(Blumler & Cushion, 2013)在研究新闻学领域新兴主题的新模式时,对规范理论的衰落退隐表示惋惜。在这一章中,我指出情况并非如此。事实上,想象新闻可以或应该是什么,对该场域的构成来说起着非常重要的作用。

第四章讨论了也许是当今新闻界面临的最紧迫的问题:新闻业的未来是什么?新技术严重削弱了支撑现代新闻业的经济模式,导致许多观察家质疑这一场域是否还有未来。这一章通过运用我们的模型,评估了技术对新闻业可能拥有的未来会有什么影响。

21 最后一章回顾了书中所涉及的这些研究,研究中依然存在的欠缺,以及未来需要去做的工作。

第一章 理论

当想到“公共”这个词时，至少在谈到新闻时，你可能会自然而然地把它理解为“人民”，或者更狭义地说是“公民”。你可能会说，公众是由生活在特定地域范围的公民组成的，新闻业则为公众提供新闻。这个定义是正确的，但并不完整。对“公共”的定义至少有四种，每一种都是观察新闻的重要棱镜。从定义上看，新闻工作可以简单地看作一种生产新闻的行为。再说一次，这是正确的，但是是片面的。它忽略了新闻也是一种文化这一事实：任何人都可以发布新闻，但不是每个人都是新闻工作者，或与新闻文化有关的人。与“公共”的概念一样，新闻也有其历史。它在特定的社会经济条件下出现，并在不同的地方有不同演变。 22

在本书的引言中，我认为公共和新闻的概念比传统的西方叙述更具弹性。要想知道这是怎么回事，以及为什么如此，必须弄清楚这些定义问题。

公 共

在回顾西方社会对“公共”的各种

定义时，杰夫·温特劳布（Jeff Weintraub，1997）发现了23 四种方式。所有这些定义都认同“公共”具有两种特质：它是共享的，并且是可见的。但是这些定义将公共定位在了不同的社会空间，并让人们在这些空间中做不同的事情。这个词的两个最古老的含义源自罗马帝国的拉丁语用法（res publica）：作为国家的公共（主权），和作为城邦的公共（公民身份）。就国家而言，公共关乎某一特定领土的行政统治，它是地区管辖规则（“公共政策”）的制定场所。相反，城邦则是公民讨论这些规则的空间。用现代的说法，这就是“公共领域”。作为一种自治形式，民主把这两个定义结合成一种思想：公民大众是主权者。正如亚伯拉罕·林肯（Abraham Lincoln）所说，民主是民有、民治和民享的政府体制。简言之，民主是一种政府形式，人民对其统治规则享有发言权。当市民社会在十六世纪和十七世纪的欧洲开始发展时，出现了第三种关于公共的意涵，即公民社团。这是一种由社交定义的公共生活。在喧嚣的城市生活中，陌生人发现自己不断地与他人互动。我们称这一社交领域为公民领域。最后，随着工业主义在十八世纪和十九世纪席卷欧洲和北美，关于公共的第四种观念，即把它理解为市场的观念，开始流行。这种公共由物格化的交易组成（它无关个人，只是生意）。

这些不同的定义与埃米尔·涂尔干（Emile Durkheim，1893/1933）首次提出的现代社会分化理论相吻合。这一理论的总体观点是，现代社会制度已经越来越专业化（Parsons，1966；Luhmann，1982；Alexander

and Colomy, 1990)。政治机构与经济组织分离,经济组织与公民社团分离等。在这一过程中,每个制度领域都发展出独特的做法、价值观和规则。随着它们进一步分化,它们也变得更加自主。与其他制度领域的组织相比,存在于一个领域内的组织看起来更加相似。从分化理论的背景来看,温特劳布对"公共"的四种定义只不过是描 24
述了公共生活被分割成不同的制度领域。

在更准确地定义这四种观念之前,应该先做一个限定。在下文中,我从大量的文献中挑选出关于国家、市民社会等概念的定义,这些文献有的已有数百年的历史。我承认自己无法完全顾及这些文献里的错综复杂之处——它们的各种曲折翻转或讨论者提出的各种异议。相反,我只想从它们那里借用到足够的内容来打造一个满足我们目的的准确而有用的定义。在这里,我们将专注于手头的任务:对每个新闻可能置身其中的制度领域形成一种准确认识,哪怕该认识并不全面。

正如温特劳布所指出的,国家也许是"公共"最古老的定义,所以让我们从这里开始。当我们提到国家时,我们主要指的是政府机构——立法机关、法律体系、行政部门、军队、代理机构和办事处等,它们对某一特定领土拥有主权(Tilly, 1992)。国家可能与特定的宗教或民族(即我们所说的"民族国家")掺杂在一起,但现代国家的核心是政府机构,其目的是在地理边界内制定和执行法律或公共政策(Hall and Ikenberry, 1989)。这两项职能都很重要:制定法律和政策,然后执行这些法律和政策。这个定义简单而有用。当然,这个定义虽然简单,却也存在几个风险。其一,它有可能暗示国家是同质的,而事实并非如此。不同的国家机构之间可能也经常存在相互竞争,也没有一个国家是享有完全主权的。像联合国或欧盟这样的机构可能会对某个特定国家的做事方式发表一些看法(Haldén, 2011)。令问题变得更模糊的是,国家和其他制度领域之间的界限并不总是很清楚(Eliasof,
25 2013)。仅举一例,美国军方将国防的很大一部分外包给了营利性的私人承包商。不过我们仍旧可以说,现代国家在根本上是指在特定领土内负责制定公共决策的一套管理机构。

市民社会的现代概念是指一套联结家庭、国家和经济领域的制度(Edwards, 2011)。许多关于市民社会的历史记载都特别强调城市中心的社交性,这些中心在十六、十七世纪在欧洲发展起来,为人们提供了与陌生人见面和交流的机会(Edwards, 2011; Seligman, 1992)。现代的公民空间由志愿群体、非营利组织、专业协会、教堂、图书馆等组成。这些组织的情况各不相同,但都意味着人们在其中交流互动会形成共同的纽带(信念和价值观、身份和目的)并发展共同的兴趣。人们可能以私人身份进入市民社会,但当他们与他人互动时,他们会发展出在新的、更公共(共享和可见)的文化基础上相互交往的能力。

在早期的现代叙述中,市民社会常常被等同于政治社会(Ehrenberg, 1999)。这两个概念之间的差异可能会令人感到困惑。如上所述,市民社会的目的是发展共同的纽带和共享的利益。但如果形成集体认同和共同利益是一个群体唯一追求的，那么我们说，它仍然属于市民社会的范畴。当讨论引导人们采取集体行动时——这可能包括任何事情，从向穷人提供援助到组建一支垒球队——那些公民社团则变得更像政治社团，而当这些集体活动进入国家轨道时，我们说，公民团体开始在政治空间或所谓的“公共领域”中活动。因此，政治社会，我们姑且将其等同于公共领域，是市民社会中人们聚集在一起形成舆论并影响国家行动的空间。政党、利益集团和智库通常在政治社会中运作。但几乎任何一个公民团体都会发现自己身处公共领域之中。例如，当一个当地的家 26
长教师协会代表一个新的学校债券计划开展工作时，这种情况就会发生。在这种情况下，这些团体所从事的活动就从形成集体纽带转向商议并最终说服舆论。

我们这里要讲的公共生活的最后一个制度领域是市场，这界定起来很容易：它是经济交换的领域。将这个领域定义为公共的领域似乎有些奇怪。有人要问，经济不是**私下**交易的领域吗？国家不是**公共**政策的舞台吗？其实也是也不是。必须记住，市场是人们与陌生人互动的最早的公共空间之一。因此，市场被视作人们变得有教养的地方，也就是说在这里，个人放下纯粹的私欲，采用公开场合下的有利自我的举止（Hirschman, 1977）。因此，在十六世纪和十七世纪，将市场视为市民社会的一部分是相当普遍的。随着市场在十八世纪和十九世纪的发展，它们本身就被视为公共的领域，被视为培养独特但可共享价值的空间。

是什么促使这些制度领域相互之间变得更加自主？

这个问题引发了社会学家的许多思考。皮埃尔·布尔迪厄(Pierre Bourdieu, 1985)的论述很有影响,所以让我们采用他的论述。布尔迪厄认为,被他称为"社会场域"的各种制度领域,在它们发展出独特的属性时,便会彼此分离。这些属性包括价值观和信仰、规范和规则、身份和实践。达成协议是公共决策制定的一种基本做法(或属性)。政治社会则未必如此,政治社会的目的是说服他人并捍卫自己的立场,而不是制定公共政策。同样,以纯利益的方式行事可能适合于市场,对市民社会则不然。也
27 就是说,在每一个领域内都存在着独特的**逻辑**:价值观和知识、规范和做法、身份和举止,它们或多或少地相互联结在一起,形成一个紧密的关系体系(Thornton et al., 2012)。我们不该假定这些逻辑是同质的或没有矛盾的,也不该假定行动者必然对社会逻辑所产生的关系系统达成一致意见。相反,我们应该这样理解这些逻辑:它们奠定了人们交流互动的基础,并为这些领域中的行为提供了一组何为正当、谁为正常的定义。事实上,社会场域中蕴含着逻辑,使我们能够认识到我们何时身处政治领域而非经济领域,又何时置身市民社会而非国家之中。

布尔迪厄认为场域遵循的是相关性逻辑(Bourdieu, 1986a; Bourdieu and Wacquant, 1992)。他指的是,场域内部是由一个特定逻辑所特有的一组对立和等级关系组织起来的。他还想说的是,对立和等级关系创造了社会场域的边界(意思是说,除非你能分辨出自己何时不在社会场域之中,否则你无法判断自己何时身处其中)。把社会场域的这种相关性特征看作搭建露营帐篷,或许会有

所帮助。如果你曾经搭过这样的帐篷,你就会知道你首先要把帐篷铺在地上。帐篷的篷布有点像社会场域占用的空间。然后将支杆从帐篷孔中穿过。我认为这些支杆有些类似于社会场域的属性。完成这个操作后,两个人站在帐篷的两端,把支杆插入地面。当支杆推开彼此时,帐篷就会膨胀起来。社会场域也以类似的方式产生。它们不是由于特定的属性(类似支杆)而产生的。相反,当属性相互推挤而生成了对立和等级关系时,社会场域就出现了。与帐篷一样,当属性(如价值观、规范、信仰、身份、做法等)发生**相关性**互动时,社会场域便随之产生了。

现在让我花点时间总结一下到目前为止我们所完成的任务。我们定义公共的制度领域是社会场域。每个场域都包含自身所偏好的资本形式(见表 1.1),或者我们可以称之为逻辑。一个社会场域的逻辑包括从偏好的身份到常规做法,再到标准规范和价值观的所有内容。公民社团努力在其成员之间建立共识,经济组织则努力赚钱。组成社会场域的各元素之间相互作用,产生对立和等级关系,从而赋予社会场域以秩序感。

表 1.1 四个制度领域 28

领 域	逻 辑	词 汇
国家	行政	公共政策、规章制度、管理、法律
政治社会	说服	舆论、争论、讨论、商议
市民社会	社群	社团、共同利益、集体身份和认同、社会资本
市场	利益	广告宣传、消费、商品

正如温特劳布所指出的,在某种基本意义上,每个领域的逻辑都是共享和可见的,这使得每个场域都成为公共生活的一个领域。因此,“公共”一词在这些领域中得到普遍使用:国家是**公共政策**的舞台,市民社会是**公共生活**的空间,政治社会是**公众舆论**的领地,经济是**公共推广**的重要领域。独特的词汇、价值观、身份和做法,这些被布尔迪厄称为“资本形式”,在以上每一个场域中形成。随着这些属性的浮现和发展,这些领域之间出现差异,久而久之变得愈发独特。

图 1.1 显示了这种差异化结果的通常情况。我们将在整本书中用到这张图的不同版本,所以让我更详细地解释一下它是什么意思。可以看出下面这张图显然与现实社会不符。例如,三个主要领域的规模相等,我们当然知道这不是真的。每个社会都有自己的公共生活的形态。在特定的形态中,一个领域可能比其他领域更小或更大,或者在有些情况下,根本不存在。

所以,图中不同领域的大小很重要,它们在图上的位置则无关紧要。最重要的是,这张图显示的领域是模糊的。没有一个制度领域与政治党派、利益群体等完全分离。这意味着不同的组织和行业可能跨越两个或多个领域。政党就是这种现象的一个明显的例子。在美国,政党在国家中没有正式的角色(美国宪法中没有提到政党),但它们在公共决策中发挥着重要作用。同样,政治咨询公司位于政治社会中,但作为营利实体,也属于经济领域。企业经常会成立政治行动委员会。非营利组织可以执行政府政策等。在这些模糊的空间中,可以想象组织将感受到来自其所在的多个场域的引力。在分析具体案例时,我们会对这一现象做更详尽的阐述。

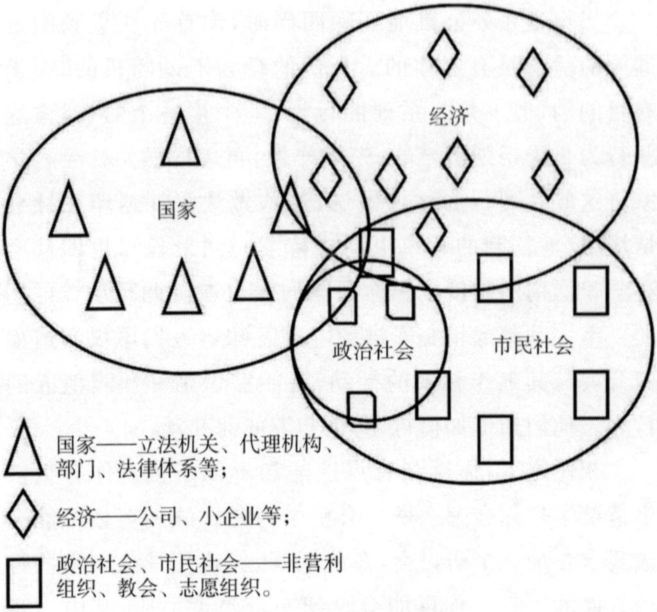

图 1.1 公共生活的制度领域 29

在考虑新闻如何融入公共生活之前,让我们更详细地讨论一下这些领域的内部结构。为此,我们需要理解两个概念:规则和资源。

规则和资源 30

想象一下你在我们所描述的一个领域里。例如,假设你是一个国家机构的工作人员。今天是你上班的第一天。“国家逻辑”在你看来如何?它如何塑造你的行为和互动,甚至自我意识?

当你坐在办公桌前环顾四周时,你首先注意到的是周围的活动是有规律的。人们的行为不是随机的,而是有目的的,似乎是一系列的行为,一个接一个的,就像这些行为是受**规则**引导的:先怎样做,再怎样做。社会科学家将这些系列行为称作**做法**,这些做法深深地印在社会情境中(被复制的频率更高或持续时间最长),也即社会科学家所谓的**制度**中。你周围的人也在协调行动。他们的一举一动都像精心安排的。这意味着人们不仅知道如何开展与其工作相关的行动,还能够识别和预测他人的行为。他们知道如何行动,也知道如何互动。

相比之下,你感到有点迷茫和不知所措。你有很多事情要学!你会怎么做?有些学习是正式的。你可能会被要求参加一个研讨会,在此期间,你将接受执行某些行动方面的培训。你可能会收到一份政策手册,其中一步一步地概述了你将要从事的其他一些活动。你要记住这些规则,依照它们行动,因为偏离它们可能会带来正式的处罚。并不是所有你应该遵循的规则甚至不是很多规则,都是如此公开的。在组织中完成的大部分工作都没有正式流程,其规则也没有写下来。人们甚至很难给规则冠名:“这是我们做事的方式,”他们可能会说,“我们一贯都是这么做的。”这些规则至少和正式流程一样重要,但没有系统的方法来学习它们。相反,你必须边做边学。
31 你会跟着周围的人,观察他们做什么,然后尝试重复他们的行为。这样,你就能摸到这份新工作的“门道”。

非正式做法之所以如此丰富,是因为它们填补了正式规则与现实世界之间的空白。世界实在太复杂,太多变,任何一套正式的规则都无法捕捉到你在工作中可能面临的所有情况。因此,为了完成工作,人们发明了非正式的做事方法。然后,他们将这些做法以非正式的方式在交谈中或共同工作中传递给其他人。

这就是你在新办公室学到很多需要学习的东西的方法。你将通过示例学习,然后从这些示例中举一反三解决新问题。维特根斯坦(Wittgenstein, 1958)是最早认识到这一事实的奇怪后果的观察者之一。如果我们确实是通过实践来掌握大多数做法的话,那么当我们采取行动时,就不能说我们“遵循”了规则。毕竟,通常我们都是学着去行动,而不是学着去遵守规则。这就提出了一个问题:规则有什么用?根据维特根斯坦的说法,规则的存在不只是作为行动**指南**,更是作为**资源**来证明所采取行动的正当性。换句话说,社会行为的规则是有争议的。

当我们置身于社会生活中时,很多时候我们会犯错。我所说的“犯错”是指在特定情况下其他人不认为是明智或合理的行为。在这种情况下,我们可能会被要求证明自己的行为合理。我们可能会被问到:你为什么这么做?规则就是在这时发挥作用的。我们借助规则来证明我们所做的事情在这种情况下是正当的、明智的或合理的。首先,我们行动时的重要考量是我们有无能力去“办成事情”,也就是去说服别人我们所做的是一个适当的举动。这为社会行动提供了一定程度的创造力,而这种创造力本来是不可见的。作为一个局外人,你目睹了你的新同事的行为模式:他们先做这个,然后那个,再然后是另一个。一切看起来都很有序。然而,随着你对组织越来越熟悉,你会发现他们的行为中有高度的即兴发挥的成分。一个人可以将相同的规则应用于不同的情况,不同的人
32 可以将不同的规则应用于相同的情况,而他们可能都是对的!

然而,在任何特定情况下,我们可能做的事情都是有限度的。这些限制存在于共同体内,特别是存在于共同体所愿意接受的行为理由(或规则)里。约翰·塞尔(John Searle, 1969)辨识出有本质区别的两种规则。一种是关于如何采取特定行动的规则。一个例子是:在国际象棋中,我可以上下移动车,但不能对角移动。如果有人问我为什么要这样移动我的车,我可以诉诸这个规则。塞尔称这样的规则为“规定性”规则,他接着说,还存在另外一种规则。这种规则是“构成性”的,因为它**促生**或构成了事物或某种状况。例如,规则说一个正式指定的主管机构可以说“我现在宣布你们为夫妻”,但这个规则指的,与其说是与婚姻有关的行为,不如说是对婚姻的促成,婚姻由那句表达而成立。

我之所以提到这一区别,是因为行动的绝对限制在于构成性规则,即关于一个做法是什么或为什么那么做的规则。或者,换言之,关于我们如何行动的正当理由最终在于针对事物状态的结构性定义。举个例子,再想象一下你自己在那个国家机构里扮演一个新员工的角色。你看到一个同事在扫描一本很大的书并在电脑上打字。

你问:"你为什么要查阅这本书?"她回答:"我正在起草一份新的政策草案,为此,我需要查阅现行政策清单,以确保不存在冲突。"换句话说,她通过规定性规则为自己的行为辩护:制定公共政策时,必须将其与当前政策列表进行比较,以确保没有冲突。你可能会对这个答案感到满意,在现实中,大多数时候你都会满意。

但是,假设你问了一个更基本的问题,"是的,"你说,"但你为什么要制定政策呢?"一开始,你的问题可能会引起困惑——"你什么意思,什么我为什么要制定政策?"接着可能是一个更具陈述性的说法:"因为这就是我的活儿。我是这个办公室的高级政策顾问,这就是我们的工作,我们制定政策。"这种"是什么"的陈述代表了行动的本体论基础。除了这些规则外,没有什么可说的。如果你不明白国家机构的目的是制定公共政策,那么你就完 33
全置身于这个共同体之外。这里我们看到,构成性规则(什么算得上事物、行为、过程)充当了规定性规则的最终辩护(我们可以针对预先存在的事物、行为、过程做些什么)。我相信,这一洞察对于理解新闻实践是至关重要的,下面我会回到这一点。

让我做最后一个观察来完成这一部分。当你慢慢适应了你的新办公室,你很快了解到有些角色、做法和价值观是受特别优待的。有些角色的地位似乎更高,这一地位的赋予可以通过头衔(如主管)或物质利益(更高的薪酬)。或者地位可能以不那么正式的方式得来。例如,基于在那里工作了几十年,你的一位同事对办公室的所有情况都了如指掌。虽然从她的正式职位看不出来,但她可能是办公室里最有影响力的人。一些做法似乎也更被青睐。它们可能被嵌入了系统或流程,即我们的日常行为中,也可能被嵌入诸如计算机软件或政策手册之类的实物中。观察到这种现象,社会科学家得出结论,**资源**集中于特定的角色、规范和行为(Giddens, 1984; Sewell, 2005)。这些资源可能是象征性的(地位的标志),也可能是物质性的(金钱)。无论在哪种情况下,资源似乎都可以像规则一样形构人们的行为。特别是,如果资源集中在特定的角色或做法周围,那么人们必然有可能积累这些资源。他们可能会获得更多的技能,或更高的职位,或更多的金钱。一个结果是,他们自然地再生了环境内被青睐的价值观、行为等。另一种结果是,环境随着时间的流逝而逐渐分层(Bourdieu, 1986b)。在这种环境下获得更多可用资源的个人获得比其他人更高的地位。

布尔迪厄特别强调这种动态。在讨论社会场域的组织时,布尔迪厄(Bourdieu, 1984)认为,场域的属性(规则
34 和资源)注入了行动者在其中的雄心。例如,当你越发熟悉办公室的情况时,你自然很希望被认可为办公室的合法成员。认可与身份认同有关。它要求你以环境中的规则和资源所定义的适当的方式行为做事。被认可后,你可能会有更高的抱负。你可能不仅希望得到认可,而且希望在办公室中获得地位,希望被视为一名出色的(不仅是合法的)公务员。实现这一目标需要积累更多的资源,这些资源集中在办公室中被偏爱的做法、角色等周围。例如,你可能学会了比别人更好地制定管理规则,或者你可能赚了更多的钱,或者做了很多事情来向别人表明你

是办公室的杰出成员。你拥有的这些资源越多，你获得的地位就越高，而且并非偶然地，你越可能会倾向于复制办公室特有的规则和资源。毕竟，越是成功，你对成功的投入就会越多，并且越有动力去维持助你获得成功的规则和资源。

那么，这就是当你进入一个国家机构开始新工作时所看到的。你目睹了人们的行为或做法。你看到他们互相配合。你看到他们即兴发挥，通过诉诸规则证明自己行为的合理性。你看到整个组织都锚定于事物的构成性定义上。“我们制定公共政策，这就是我们。”你看到了区别。有些人有更高的地位；有些规范和行为得到优待。如果你想做好自己的工作，你会感受到规则和资源的吸引力，这些规则和资源赋予了环境秩序和凝聚力。你想让所有人都认可你是办公室的合法成员，并且希望获得地位。如此这般，你开始学习如何继续在这个办公室里工作，以及如何取得成功。最终的结果是，你将重现这个环境所特有的规则和资源。

公共生活的所有领域都是这样构成的，新闻也在其中产生和发展。但是等等！究竟什么是新闻？

新 闻 35

美国第一份报纸《公共事件》（*Public Occurrences*）（1690）共四页，其中三页是新闻消息，最后一页空白，以便读者可以添加自己的新闻并将报纸传给其他人。对现代读者来说，这似乎很奇怪。难道不是记者**生产**新闻，读者**阅读**新闻吗?在新闻史上的大部分时间里,这个问题的答案很奇怪,都是否定的。如果我们把记者看作被报社雇佣,并且出于明确的收集新闻的目的而被派往社区的人,那么直到最近都不存在"记者"这样的人(Schudson, 1978)。在新闻编辑部工作的人无所不能,从撰写广告文案到编辑新闻,再到写评论文章,但大多数情况下,他们都在等待新闻来找他们。实际上,正如舒德森所说,在主要城市地区之外,十九世纪的编辑往往都是"单人乐队",他们自己完成所有这些工作。其他人都是潜在的新闻记者。

我之所以从这个想法开始,是因为如果我们假设记者一直存在,那我们也可能假设新闻业一直都存在。这并不是真的(Schudson, 2013)。新闻是一项社会发明。在十九世纪末以前,任何人都可以成为记者,因此没有人是记者;也就是说,新闻尚未凝结成一种独特的实践。几十年后,情况发生了变化。首先在美国和英国,然后在欧洲的其他地区,新闻作为一种独立的活动而出现。从大约二十世纪二十年代开始,不是记者生产的不可算作新闻,也不再是任何人都可以成为记者。在有些国家,新闻被写入联邦法律。在其他国家,则制定了认证政策。在世界各地,新闻的界限越来越清晰;关于新闻价值、新闻采集技巧的标准得到更广泛的共享,而且,在世界许多地方,新闻业开始主宰新闻生产。

我们将在下一章用大量篇幅描述新闻业的兴起。在这里,我们关注的是使新闻成为一个独特的社会场域的要素——资源和规则。

让我们从这个问题开始：当新闻业在十九世纪末出现的时候，究竟取得了什么成就？最早也是最常见的答案是，新闻成为一个“专业”。从十九世纪八十年代开始，第一批新闻专业协会成立，第一批新闻学院——大多由新闻界大亨资助——在大学校园开办。编写教科书是为了规范新闻操作，以便向学生传授，而新闻工作者，特别是城市地区的新闻工作者，开始分享一套价值观和世界观。最早的新闻伦理准则之一很好地表达了这种世界观。该准则由密苏里大学新闻学院第一任院长沃尔特·威廉姆斯（Walter Williams）撰写，被称为“记者的信条”（1906）。它被整理成一张信念列表，其中最重要的一条是：“我相信新闻职业。” 36

并非所有人都同意新闻就是或者应该是一个专业。约瑟夫·阿尔索普和斯图亚特·阿尔索普（Joseph and Stuart Alsop，1958）在新闻职业生涯结束时写道：“报纸报道不是一种职业……当然，它是一门生意。”（p. 94）英国记者对于将自己看作专业人士尤其感到矛盾。尽管如此，新闻是一种专业的观念仍在慢慢深入人心，以至于到了二十世纪二十年代，这种说法已被普遍使用。正如西尔维奥·韦斯伯（Silvio Waisbord，2013，p. 3—4）所指出的，这并不是出于要提出一个规范性或批判性观点的意图。把新闻称为一种专业已经司空见惯。

所以，新闻是一种专业。这是什么意思呢？学者们花了几十年的时间来定义这个词。早期的研究根据标志性特征来定义一个专业（Caplow，1954；Carr Saunders and Wilson，1964；Wilensky，1964）。一个专业特别包含四个特征：1)专门的知识体系；2)正式的教学和培训体系(包括认证程序)；3)强调该专业公共服务功能的伦理准则；4)独立于其他专业的自主权(Bledstein，1976；Friedson，1986；Larson，1977)。

显而易见，可以将这种分类法应用于新闻业，这正是新闻学者所做的。结果很有意思。一方面，学者们发现，
37 新闻缺少许多专业要素。例如，它没有专门的知识体系(Allan，2003)。实际上，记者们是出了名地拒绝将其操作理论化。此外，尽管新闻学院已经存在超过一百年，但在大多数社会中，记者不必接受特别的教导，或获得从业执照。在新闻专业化最早生根的美国，众所周知第一修正案明确禁止政府许可。至于自主性，新闻业似乎从一个机构(政府)获得了自由，却陷入了另一种“机构”(商业主义)中。所有这些似乎都暗示着新闻不是一个专业。

另一方面，学者们发现，新闻业具有与其他大多数行业一样强烈的公共服务精神(Weaver，1998)。近几十年来，这种精神愈发强烈，意味着当代新闻业比过去更加专业化(Anderson and Schudson，2008)。此外，新闻业有一种可识别的“新闻逻辑”——布尔迪厄称之为一种“资本形式”——这种逻辑遍及西方社会(Waisbord，p. 144)。它可能达不到医学等领域中专门知识体系的程度，但“新闻逻辑”是一种知识，这些特点则意味着新闻是一种专业。

当我们将专业分类法应用于新闻时，我们会发现它是一种准专业。这个结论似乎并不令人满意。新闻是不是一个专业呢？专业的分类学定义似乎并没有给出明确

的答案。但是，我们不应该为此而太过沮丧。事实证明，没有任何职业包含所有的专业特征。也就是说，根据标准分类法判断，所有职业充其量都是准专业（Abbott，1988）。一些职业拥有专门的知识体系，其他的拥有认证政策，还有许多以公共服务为己任。但是，没有哪个职业能将这些特征集于一身，以令其能够免于外部压力，无论是政治上的、经济上的，还是官僚主义的压力，因此不存在一个纯粹的专业。即使是像医学和法律这样的标准专业也是如此。 38

当社会学家认识到基于特征的专业定义的缺陷时，他们开始寻找替代方案。在此过程中，出现了一种新的传统，它较少关注专业特征，更多地关注**过程**（Abbott，1988，1993）。从这个角度看，一种专业是随着时间的推移而发展的，其发展方式是：(1)获得对一系列与工作相关的任务的控制权；(2)围绕这些任务组织一套知识体系；(3)抵制其他社会群体侵入其领域。

这种强调过程的方法有几个优点。首先，它将职业牢固地置于历史之中。专业主义不是一种状态，而是发生于特定环境下的一种发展过程。其次，它允许多样性。有些职业可能已经完全专业化了，另一些则没有。有些职业在一个地方已经专业化了，在另一个地方则没有，或者在一段时间已成为一个专业，在另一段时间则失去了这个地位。最后，它有助于我们看到专业**内部**的差异。在同一职业中，有些从业者可能享有完全的专业地位，另一些人则没有。

直到最近，新闻学学者才转向这一新的传统。特别是韦斯伯(Waisbord, 2013)利用它来重构新闻。他首先指出,针对专业的新的过程式方法与布尔迪厄的社会场域理论有密切关系。在本章上文中,我们已经了解了布尔迪厄的研究。韦斯伯观察到,场域理论和有关专业的文献对新闻业得出了类似的结论。与过程方法一样,场域理论认为社会场域总是处于运动状态(Schinkel and Noordegraaf, 2011)。在场域理论中,专业知识成为一种资源。对个体而言,从业者努力在他们选择的领域内积累更多的资源;作为集体,他们努力获得对该领域特有任务的控制权。此过程有两个关键动力:资源积累和边界维护。其结果是不断推动专业领域的发展、提高和维护。也就是说,其结果是专业永远处在不断变化中,总是受到外部力量的推拉,并且总是试图对其活动领域获得更大的自主权。

韦斯伯得出结论,最好将新闻更多地视为一个社会
39 场域而非专业。它是一个相对有限的社会空间,具有自己的规则和资源。没有人将与新闻相关(或据我所知,与任何社会场域有关)的所有资源和规则做过分类。即便如此,新闻规则和资源很大程度上至少包括了霍耶尔(Høyer, 2005)"新闻范式"的五个要素:挂钩于不同事件的故事、有关新闻价值的价值观、倒金字塔式写作、采访和客观性。不断积累新闻资源的努力则部分地成为驱动该场域变革的内部动力。例如,记者可能会努力培养对新闻的敏锐嗅觉,或者以更快的速度生产出更多的新闻,或者获得更多的消息源,或者展现出更强的客观性。这样做,他可能会在行业内积累更多的资源,从而在该领域

获得更高的地位（如在更好的新闻机构获得更有名望的职位，获得更高的薪酬等）。总的来说，记者们共同努力保护新闻知识的形式不受外界侵犯。我们知道，他们在这项努力中只取得了部分成功。新闻业从其他社会场域，特别是政治和经济场域，充其量只获得了一些半自治权。尽管如此，在某些时候与某些地方，新闻场域已经或多或少变得完整，足以将这一职业描述为正统的社会场域。

这在部分程度上意味着，当公共的领域试图将新闻拉入它们的轨道时，新闻业会有办法作出反击。这样的例子很容易找到。当国家试图通过新闻来管理舆论时，记者们的反击可能是追究政府行为人的责任。当新闻机构试图将新闻商业化时，记者们可能会以各种方式进行反击。除此以外，他们可能会根据不同的新闻价值标准而不是商业吸引力来选择新闻，他们可能会为赢得人气或新闻奖项而撰写稿件。他们甚至可能拒绝去了解有关新闻商业性的那一面。

新闻与公共 40

我们现在可以考虑公共和新闻之间的关系。公共如何以及为什么要对新闻施加影响呢？

第一个答案是，新闻在功能上与它所依附的公共的领域有关。例如，当亚历克西·德·托克维尔（Alexis de Tocqueville）写下那句著名的话“报纸成就社群，社群成就报纸”时，他是指报纸是一种推动社群产生的**机制**。公民领袖以制作新闻作为一种创建社群的方式,就像决策者支持新闻业是为了管理舆论,商人经营新闻机构是为了赚钱一样等。事实证明,这种功能性的视角是非常普遍的。约翰·杜威(John Dewey)将新闻视作创建"伟大社区"的一种方式,本尼迪克特·安德森(Benedict Anderson)视报纸为促进民族主义的方式等。之所以常见,因为它是如此直观。人们需要拥立、组织、维护和促进公共生活,无论他们是在国家、市场、市民社会还是政治社会中。新闻实践是他们完成这些任务的一种途径。如果这是真的,那么新闻业的规则显然会受到它所服务的其他社会场域的逻辑的强烈影响。

十九世纪的美国党报就是这样的一个例子。大约从1830年到1890年,美国报纸的数量呈指数级增长,并且大多数的报纸都与政党有着正式或是非正式的联系。报纸有时完全归政党所有。更常见的情况是,政党通过给报社老板提供工作(例如邮政局长)和为他们提供现成的订阅者来补贴报纸。作为交换,报纸直接为政党的业务效劳(McGerr, 1986)。他们向党员通报党的纲领,谴责反对党等。在做这些事情的过程中,报纸显示出自己在功能上与党派系统紧密挂钩。

41 正如我所说,这种功能性视角是思考公共与新闻关系的最常见的方式。如果公共生活中的社群需要新闻,我们理所当然会认为,它们所促生的新闻会表现出该领域的规则。一个商业新闻机构将表露出市场的属性,一份国家机关报则会表现出国家特有的属性等。

詹姆斯·凯瑞(1989)和迈克尔·舒德森(1998)坚持

认为，公共生活以另一种方式塑造着新闻。在他们看来，新闻不仅仅是一种机制，也是一种文化形式。因此，它不能被简化为其他事物的一项功能。它自成一体，有自己的逻辑和规则。这就是凯瑞的观点，在新闻所做的所有事情中，最重要的一件事是，它“描绘”了世界的“根本”面貌(1989，pp.20-21)。这一观点类似于黑格尔的表述，即新闻把我们导向“世界之所在”(Buck-Morss，2000)。在描绘一个社群时，新闻不仅可以作为该地的行动指南，它还告诉我们社群是什么。当舒德森(1998)写道新闻惯例“强化了我们对于政治世界的某些假设”(p. 55)时，他是想表达类似的意思。关键是，新闻不仅仅是一个促生公共生活的工具，它也是表达公共生活构成规则的一种方式——公共生活到底是什么。这是一种理解新闻与公共关系的有力方法：新闻文化或多或少地融入了相邻社会场域的构成性承诺之中。这一理念在当今的情况下格外强大，因为新闻业并非局限于一个公共的领域中，而是跨越两个或更多的领域。

舒德森对十九世纪美国党报叙事形式的研究表明，新闻作为文化是如何融入其他社会领域的。如我在上文中所述，党报可以被看作一种宣扬政党的机制。同时，舒德森认为，党报也表达了政党生活的潜在现实，即隶属于政党不仅是现状，而且理应如此(Schudson，1998)。政党是产生和复制一种社群文化的主要动力。报纸是如何表达这种文化的？为此，他们采取了诸如使用人称代词(主语“我”、宾语“我”“我们”)的做法，将报道的重点放在大 42
众而非领导人身上，并按时间顺序叙述事件(Schudson，

1998)。通过这些做法,新闻表达了公共生活一个重要的价值观:人们确实而且应当与更大的政治团体建立联系。

莱夫(Ryfe, 2006)拓展了这一点,指出废奴主义和平权主义的报纸尽管都不属于政党政治范畴,它们在报道中同样使用了人称代词,关注大众多于领导人,允许多种声音等。看来,社群主义不仅是实现政党目标的一种机制,也是一种文化价值观,在美国公共文化中得到了广泛的传播。鉴于这一事实,即便是党外报纸也将这一价值纳入新闻中,便显得不足为奇了。通过这样做,他们表现出自己是文化的参与者,而不仅仅是特定群体的成员。

这里有一个迫在眉睫的问题。它与公共生活的主导文化是如何形成的有关。例如,在十九世纪中叶,社群主义如何得以在美国公共生活中占据如此重要的地位?这个问题没有简单的答案。雷蒙德·威廉姆斯(Raymond Williams, 1976, p. 121)认为,一个社会在任何时候都有可能倾向于优待某些文化(信仰、做法、思想等)。这部分文化之所以占主导地位,是因为它们无处不在,即它们在公共生活的各个领域中都得到了广泛共享。威廉姆斯随即补充道,它们的主导地位不是一成不变的,也不是绝对的。相反,主导文化总是在某种程度上与残留的和新兴的文化发生冲突。它们之间的互动是动态的。这导致偏爱主流文化的人尝试吸纳偏差文化,并导致残留和新兴文化的拥护者反对主流文化。就我们的目的而言,这个框架似乎是合理的。那么,当我们提到"公共生活的文化"时,我们指的是在一个特定时刻处于主导、残余和新兴文化形式之间的进展状态;当我们说新闻业表达了公共生活时,我们是指它使这些文化及文化之间的关系通过另一种媒介,即新闻得以体现。

利用规则和资源的概念,我们可以对新闻如何表达 43
公共生活做出更多说明。假设你是一个记者,正在写一篇关于某个事件的新闻报道。你已经报道了这件事,现在你必须坐下来,用收集到的信息编织成故事。你要怎么做?通常,你会将收集到的信息以受众**可识别的**方式,或者换句话说,以受众现有的文化方式(Lamont and Thévenot 2000)组合在一起,即你将创造文化。简单地说,你会讲一些让受众觉得有道理的故事。毕竟,如果不这样做,将有可能使那些要消费新闻的人无法识别新闻。通过这种方式,记者在他们的报道中嵌入了他们所参与其中的公共生活的制度化文化假设(即规则)。当他们这样做时,他们赋予了这些假设更大的象征意义(也就是说,增加了资源),这也有助于再造主导文化。体现这个过程的一个简单的例子是大多数国家新闻媒体中的种族中心主义(e.g., Gans, 1978)。美国新闻媒体通过典型的美国价值观的棱镜来描绘世界,就像巴西记者以传统的巴西方式报道新闻一样。这样一来,他们既表达又复制了其所在社会的文化假设。如果记者不这样做,则可能使记者希望吸引的新闻受众无法识别新闻。新闻的可识别性要求将新闻作为一种文化形式与公共生活的文化联系起来。

但新闻从来不会完全落入公共生活的一个场域之内。相反,它被公共生活的各个场域所牵动。例如,美国的新闻业被商业主义拉向一个方向,被国家拉向一个方向,同时又被这个行业本身拉向了另一个方向。在这种情况下,我们怎么能说新闻表达了一种连贯的公共生活呢?

在这里,我们可以回到规定性和构成性规则之间的关系。新闻的构成规则——包括它是什么、其目的是什么——受到其所嵌入的公共领域的广泛承诺的强烈影
44 响。在市场中,新闻的目的是赚钱,而在市民社会,新闻的目的是促进社群发展等。请注意,这些目的是作为一种新闻常识的背景而存在的。因此,它们为行动开辟了空间。它们告诉我们“我们来这里是为了赚钱”,或者“我们来这里是为了促进联盟和归属感”。但它们对如何实现这些目的,或者如何从事新闻工作只字未提。

规定性规则,即新闻做法,是新闻工作者为达到这些构成性目的所做的一切事情。重要的是,记者需要通过实践来学习这些做法。无论这一实践是在新闻编辑部还是在教室进行,记者都要学习在正确的情况下做“正确的事情”。在某种程度上,这意味着新闻工作的规则并不先于新闻实践产生——新闻工作者在生产新闻时并不会“遵循规则”。相反,他们只是在生产新闻。只有当记者被要求证明他们的做法是正当的时候,规定性规则才起作用。“你为什么选择这个故事而不是那个故事?”“你为什么这样而不是那样来编写导语?”记者每天都会被问到这些问题。奇怪的是,他们在**事后**才诉诸实践新闻的规则,并将这些规则作为他们已经做过的事情的依据。

我们现在可以补充一点,记者们可能会使用不同的规则来证明不同的行为,而使用相同的规则来证明相同

的行为。这意味着新闻生产有审美和政治两个面向。记者能否成功地为自己的行为辩护，取决于他们是否有能力说服他人，他们希望做（或者已经做）的事情是适当和合理的。这种能力有些是表演性的，也就是说，有些记者就是更善于为自己的情况辩护，这种能力有些则是政治性的，意思是有些记者在新闻场域积累了更多的文化资本，而他们的地位本身给了他们更多的回旋余地。

这么做的限度在哪儿呢？它们位于共同体的边界处。也就是说，它们处在一个记者所能做，并且仍被其他人视为在从事新闻工作这样一个界限范围内。换一种说
法则是，新闻实践在根本的构成宗旨中找到了其最终的 45
正当性。

举个例子，想想平衡性实践。每一位美国记者都知道，他写出的报道应该做到用一个观点平衡另一个观点。这是该行业的标准做法（或规定性规则）。假设我们逼问他为什么要平衡观点？他可能会回答提供竞争性观点很重要。如果被问到为什么会这样，他可能会说，应该允许读者对问题做出自己的判断。如果我们继续追问他，他最终会说，读者需要了解这些问题，以便他们能够自己做出决定。他由此找到了一种本体论的基础：新闻，归根结底，是告知公民的行为。在这里，平衡性实践在一个构成性的承诺中找到了证明它正当性的最终理由——新闻的目的是提供信息。

如果我们进一步追问记者，新闻为什么应当向公民告知信息，他可能会说新闻应该这样做，这样公民才能形成明达的意见；如果我们问为什么需要明达的意见，他可

能会说，公民需要形成这样的意见，以便决策受到有根据的舆论的引导。我们现在已经兜了个圈，回到了新闻与公共生活的关系上。新闻的构成宗旨根植于公共生活更广泛的文化承诺中（Alexander，1981）。在这种情况下，传统的新闻实践与民主理论紧密相连：决策应该以知情的公众判断为指导。将这些要点串联起来，我们看到，新闻实践，这里具体指平衡报道，最终根据其所依附的公共生活的构成性承诺（或主导文化）来证明其合理性。

从理论上讲，这给我们留下了新闻是一个极不稳定的社会场域的印象。毕竟，如果可以根据不同目的证明不同做法的合理性，这似乎并不能给该场域带来太多的凝聚力。然而，在实践中，记者往往会为他们的工作提出常规的正当性理由。在实践中，当记者被要求解释他们所做的事情时，这些理由会随时出现。当记者将这些反
46 应汇总起来，他们便会在实践与目的之间生成并复制一些特定的关系。新闻业在这些关系中获得了稳定，并且随着新闻文化的发展变得越发稳定，新闻与公共生活间的关系也会变得（或多或少）稳定起来。

新闻文化由此融入了公共生活文化之中。尽管如此，新闻与公共生活的确切关系取决于许多因素：它取决于公共生活的结构及其构成性承诺。它取决于新闻业与其所嵌入的公共领域之间的相对自主性，还取决于新闻工作者能够提出并仍然被认为是从事新闻工作的论点的范围。笼统地说，对于新闻与公共生活的关系问题，我们没有确切的答案。然而，我们在本章中开发的工具（我们对公共的四个定义、新闻作为一个社会场域

的概念、认可的过程、构成性和规定性规则、正当性理由在新闻文化生产中的作用),使我们能够在具体情境下找到这些答案。

在第二章和第三章中,我们学习如何做到这一点。

第二章 兴起

在第一章中，我们以笼统的方式，为思考新闻业与公共的关系提供了一套工具。我们的主要观点是，新闻可以分布在四个不同的公共生活领域。每个领域都包含一组规则和资源，我称之为逻辑。这种逻辑推拉着组织的运转。作为一个公共制度，新闻随着新闻机构以类似的方式对这种推拉做出反应而扩张。各种各样的专业实践和价值观已经在全球范围内迁移，使得各地的新闻实践有着家族样貌的共性，但这些新闻实践在各地又都不完全相同——没有一个是典型式样。由于公共生活在不同社会中有着不同的结构，新闻场域的形态因此因地而异。

如我所说，我们讲了许多理论。要掌握其含义，我们需要运用这些理论工具。为此在本章中，我们将在法国和美国之间展开比较。自从十九世纪二十年代托克维尔（1840/1969）游历美国以来，观察家们就一直在比较这两个社会，其中的吸引力是显而易见的。现代最早的民主革命发生在法国和美国。自那以后，这两个国家便被视为现代民主社会的典范。然而，在这两个国家，民主的发展轨迹却大不相同。最明显的是，市场在美国的地位就好像国家在法国的地位一样突出。这种差异导致了二者公共生活结构的不同。观察家们利用这些相似和不同之处来思考具 48
有不同组织方式的民主社会如何应对从贫穷到移民、从种族到文化生产的各种问题（Lamont and Thévenot，2000，p. 18，n. 3）。

新闻学者们为这场对话贡献了自己的一份力量（Alexander，1981；Albert，2004；Benson，2013；Boudana，2010；Chalaby，1996；Neveu，2009）。正如你可能猜到的，他们发现法国和美国的新闻业具有许多共同点。例如，新闻机构的结构是相似的。两个国家的记者都信奉许多相同的价值观（Boudana，2010；McMane，1993）。他们还采用许多相同的做法（如在寻找信源、分工报道等方面）和写作形式来呈现新闻。然而，学者们对两者之间的差异同样印象深刻。一般来说，他们发现美国新闻业更偏重信息和事实，而法国新闻业更偏重辩论和文采（Benson，2002，2005；Benson and Saguy，2005；Chalaby，1996）。这些差异不是绝对的。举例来说，这并不是说法国记者不收集事实，也不是说美国记者没有文采上的追求，但是新闻形式上的差异是实实在在的。

我们可以将这些差异追溯到新闻场域在这两个社会的公共生活中的位置。用我们的话说，这两个场域之间的相似性是由于它们和整个西方的新闻业一样，主要是在国家、政治社会和市场之间的联系中出现的。因此，整个西方的新闻机构都面临着相对相似的机遇和制约。然而，这些机遇和制约因素并不完全相同。例如，在法国，国家和政治社会对新闻业施加了巨大的影响,而在美国,市场的影响更大。这些分歧推动新闻业朝向略有不同的方向发展。其结果可以从新闻工作者在两个社会中所遵循的规范、做法和扮演的角色中看到,并最终以新闻的形式表现出来。

这是我们要讲的故事的大致模样。在此过程中,我们会填入很多细节。到最后,我们将了解公共性在新闻
49 场域形成过程中所扮演的角色,这是有益和有趣的,而且我们将更加理解公共性在扮演这一角色时所采取的方式的多样性。

早期案例

摩擦在社会场域的形成中起着至关重要的作用。毕竟,扩张需要热量(想想面包在烤箱里膨胀),而热量需要摩擦。对于新闻业来说,如果政府不愿意给它呼吸的空间,就没有摩擦。没有摩擦,这个场域就不会扩张。毫不奇怪,新闻业在十九世纪末首先出现在美国,稍后又出现在英国,这两个国家首先给了新闻业一点发展空间。在这之前,记者过着漂泊、不堪一击的生活[想想十七世纪英国的格鲁布街(Grub Street)和法国类似的街道],他们的工作被认为是其他活动的一部分,如政党政治或文学、商业或国家行政。**新闻业**——一个拥有自身规则和资源又或多或少自主的职业场域,并不存在。

在本节中,我要讲一个新闻兴起的故事,故事首先以美国为背景,然后是法国。就像所有这类故事一样,它起

始于国家。

人们可能会认为，美国的宪法第一修正案解决了国家干预新闻界的问题。毕竟，修正案宣称："国会不得制定法律……剥夺言论自由或新闻自由。"[1]然而，除了将这个新生国家从英国普通法传统中分离出来之外，还不清楚立宪者使用这一措辞的意图是什么(Levy, 1985)。这种含糊其辞的情况给了人们很大的解释空间。你可能会惊讶地发现，在他们的大部分历史中，美国人将修正案解释为，新闻界具有并且应当具有**有限的**自由。在整个十九世纪，国家官员对地方新闻业进行审查并不罕见。对
于代表废奴主义者、工会或妇女选举权主义者等不受欢 50
迎群体观点的出版物尤其如此，这些出版物受到了特别严格的审查。对于任何触犯地方敏感神经的报纸来说，或多或少也是如此。

政党代表了对报纸的另一种限制。到十九世纪中叶，美国的报纸数量远远超过世界上任何其他国家(Starr, 2004)。这些出版物中80%以上与政党直接或间接相关(Kaplan, 2002; McGerr, 1986)。诚然，与政党报纸相比，十九世纪三十年代出现在美国东部沿海大城市的商业报纸，即便士报，与政党的纠缠更少(Baldasty, 1992)。但正如舒德森(Schudson, 1998, p. 120)所观察到的，虽然这些报纸经常"鼓吹独立性"，但它们"实践党

---

① Press的词义在不断扩大，不仅可以表示"出版业"，还可以解释为"新闻业""新闻界"，甚至可以泛指大众传播业和大众传播媒介。The Freedom of Press由过去普遍所译的"出版自由"，演变为"新闻出版自由"或概括为"新闻自由"。本文采用后一种译法。

派性”,换言之,即使是不断壮大的商业报纸也与党派有瓜葛。

这是什么意思呢?这意味着,除了别的以外,报纸编辑往往是政党组织的领导人,甚至是竞选者(McGerr, 1986)。这意味着,报纸要么是由政党直接所有,要么更经常的是通过党员订阅而间接获得补贴。这意味着,当涉及政治新闻时,报纸一般都采纳政党路线,并为其辩护,以对抗反对派。这意味着报纸上发表的大部分信息都来自政党活动和党的领导人。最后,这还意味着,新闻写作被广泛理解为政党政治的附属物,并通过政党政治,成为国家的附属物。正如我所说,这些特点在党报中表现得最为明显。但是,党派文化甚至影响到了最商业化的报纸,将其与政党联系起来,从而阻止了新闻业的发展。

奇怪的是,霍耶尔(Høyer, 2005)新闻范式的五要素——挂钩于不同事件的故事、新闻价值观(例如及时性、影响力、接近性、相关性等)、倒金字塔式的写作风格、访谈和客观性——都被引入了十九世纪的美国。采访最早出现于十九世纪三十年代,到十九世纪六十年代已经
51 成为美国新闻界的普遍做法(Stephens, 1988; Schudson, 1996)。尽管“客观性”一词直到二十世纪二十年代才被广泛使用,但在70年前,记者声明自己的中立性和独立性的情况并不罕见(Chalaby, 1996)。及时性和影响力等新闻价值观在十九世纪早期便士报的人情味新闻中已很明显(Schudson, 1978)。倒金字塔式的写作风格,被波特克(Pöttker, 2005)定义为导语+正文的原则,

其中导语回答了 5W 的问题，这种写作风格在美国内战期间已被采用，到十九世纪八十年代已经司空见惯。

然而，直到一个世纪后，这些要素才融合成一个相对凝聚的新闻场域。有人可能会问为什么这个过程要花这么长时间，但更好的问题是为什么它会发生。正如我们已了解到的，在其存在的很长时间里，美国报纸仍然是政党政治的重要组成部分。新闻业如何以及为什么获得了一定程度的自主权？为什么这种情况首先发生在美国而不是其他地方？

简短的答案是，十九世纪末期，美国的公共生活发生了变化，这些变化为新闻业开辟了一个社会空间。

长一点的答案则始于商业化。整个十九世纪，城市化、识字率的提高、经济的增长以及新的生产和发行技术(轮转印刷机、电报机)创造了更大的新闻市场。企业家们纷纷涌入这个市场，他们的行动为新闻业带来了更强的凝聚力。例如，商人们很快意识到，善变、注意力不集中的受众需要**越来越多的**新闻，还有越来越多的公司希望在新闻页面上投放广告(Baldasty, 1992)。所以报纸不能再等着新闻找上门来。相反，他们必须雇佣更多的记者，而更多的记者意味着新闻文化有更多的发展机会。

随着报纸数量的增加，吸引受众注意力的竞争也在加剧，尤其是在大城市。这部分地意味着报纸所有者也需要更快地获取新闻(Wiener and Hampton, 2007)。要提高速度，就需要记者从出版商和编辑那里拿到更大的 52
自主权。这也意味着他们必须对事件的新闻价值做出更快、更自动的判断。这是新闻界所夸耀的新闻价值感的来源之一。记者还必须制定更有效和更标准化的方法来收集和报道新闻。因此,他们不仅开始发展一套共同的文化,还开始创建共同的做法。随着新闻成为一种商品,它也变得更具**可替代性**。一个记者所报道和撰写的新闻看起来和任何一个记者所报道和撰写的新闻都很相似。这些共同的做法使新闻专栏具有一致性和可预测性,它们也能让一个地方报道的新闻在另一个地方发表。总之,新闻已经**产业化**了。

最后,新闻的客观性部分地源于商业主义(Schudson, 2001)。要求记者保持客观旨在消除他们的激进化,从而确保记者的政治立场不妨碍他们雇主的商业利益(Schiller, 1981)。客观性也将新闻与同时出现的其他大众娱乐形式区分开来(因此,《纽约时报》的座右铭是“所有适合印刷的新闻”)。它使得报纸能够吸引大众受众而不是党派受众(Emery et al., 1996)。最后,客观性使得新闻管理者可以对记者进行一定程度的控制(Breed, 1955)。从所有这些方式来看,作为新闻业首要观念之一的客观性原则是根植于新闻所有者的商业利益的。

如果说关于新闻业诞生的这个较长答案是从商业主义开始,那么故事并没有在那里结束。在美国最大的城市中,十九世纪七八十年代就有高度商业化、大众化的报纸,但直到二十世纪二十年代,新闻业才完全出现。其中还需要什么其他因素呢?

除了商业主义,政府的转型或许是现代新闻业兴起的最重要推动力(e.g., Kaplan, 2002; Ryfe, 2006;

Schudson, 1998)。数百年来,记者们一直在争取使新闻业从国家那里得到更大的自主权(e.g., Levy, 1985)。第一修正案保证了美国记者比欧洲任何地方的记者都享有 53
更大程度的自主权。但与欧洲一样,美国的记者直到十九世纪末仍然被与政党拴在一起。舒德森(Schudson, 2005, p. 98)列举了此后迅速发生的变化:"所采用的澳大利亚式投票、公务员制度改革、腐败行为法令、选民登记法、倡议和全民公投、全民初选、参议员直选,以及无党派的市政选举。"这些变化令国家公然敌视政党。例如,随着公务员制度改革的开始,政党不能再利用政府工作岗位来鼓励党派忠诚,另外引入澳大利亚式投票(或无记名投票)意味着政党无法再确定其成员是不是按照指挥投的票。由于这些变化,政党对政治进程以及对新闻业的控制权减弱了。

记者们已准备好抓住摆在他们面前的机会。简而言之,记者们想要专业化。他们的动机程度是现代新闻业兴起的第三个因素。尽管商业主义和政府改革为增强新闻业的凝聚力开辟了道路,记者们本来不必非抓住这个机会,然而重要的是他们热切地想要那样做。为什么?在一定程度上,这源自几个世纪以来记者遭遇的低薪酬甚至更低的地位(Hardt and Brennen, 1995)。他们只是希望过上更好的生活,他们认为这可能通过更好地组织其领域而获得。这也是当时横扫美国社会的专业化浪潮的一部分。正如内森·哈奇(Nathan Hatch, 1988, p. 3)所指出的那样,"在历史上,只有在英美世界出现了一系列行业范围内的**专业**概念"。在欧洲大部分地区,国家控制着大部分公共生活,与此不同的是,在美国(以及较小程度上,在英国)行业之间要争夺资源和声望。早在十九世纪三四十年代,法律和医学等行业就开始整理、规范和督管新界定的专业领域。到十九世纪末,许多行业都在努力争取类似的地位,其中包括新闻业。

一种思考新闻业在美国兴起的方式是,将其视为一个在摩擦中不断扩张的社会场域,摩擦来自商业化加剧、国家对新闻业影响方式的改变以及专业化(见图 2.1)。每个过程固然重要,但它们之间的**关系**至关重要。如果没有商业主义、专业化和国家政策之间的推拉,新闻就不会成为一个社会场域。回到我在第一章中介绍的帐篷的比喻。国家、市场和行业代表着新闻场域的几个支杆。当这些支杆开始互相推拉时,新闻作为一个社会场域开始扩张。

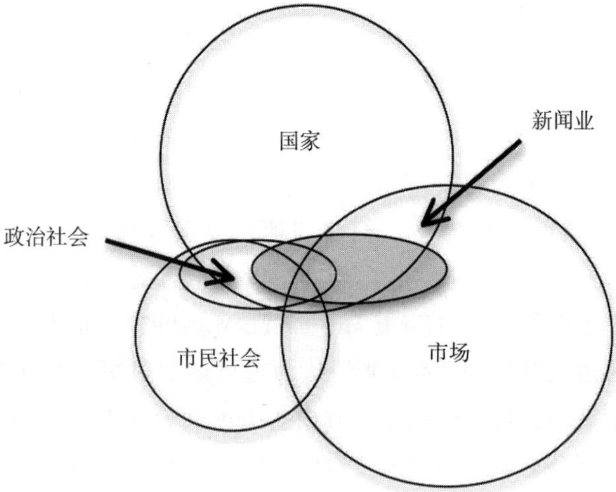

图 2.1 美国的新闻场域

法国的反例

在1789年法国大革命后的一个短暂时期里，法国新闻业似乎可以走上与美国同样的道路，只不过早了一百年。像在欧洲大部分地区一样，在那之前的两个世纪里，法国君主政权一直对记者实行非常严格的控制。君主政权禁止英国和其他外国报纸进入法国，出版商必须获得皇家特权才能从事印刷或写作。事实上，政府甚至会为特定出版物指派特定的审查员（e.g., Todd, 1991），以确保没有任何不良出版物出版。对违反审查制度的处罚也很严厉。 55
丹尼尔·罗奇（Daniel Roche, 1989）记述到，在十八世纪，巴士底狱中有近20%的囚犯是记者（p. 23）。

尽管如此，在这种审查制度下，一种以商业为导向的文学新闻文化开始发展（Censer, 1994; Censer and Popkin, 1987; Darnton, 1985）。尽管收入微薄，但法国作家获得了一定程度的社会声望，记者的职业慢慢成为雄心勃勃的年轻人进入文学社会的一种方式。他们制作的小册子在官方上是非法的（Popkin, 1990），但由于避免了政治讨论，政府官员一般不会对他们施加干涉。尽管这些出版物的读者仅限于资产阶级和贵族（Censer and Popkin, 1987），但法国在其国家邮政系统中建立了世界上最先进的新闻分发系统之一（Todd, 1991, p. 28）。所有这些都意味着，在革命开始时，法国已配备了一个发行系统、一个商业化（如果不是政治意义上的）导向的新闻界，以及一支现成的记者队伍。

随着革命扫除了长期的束缚,新闻业开始了爆炸式的发展。默里(W.R. Murray, 1991)写道,这个国家从"1789 年之前几乎不存在任何政治出版业发展到拥有世界上最先进的政治出版业"(p. 161)。跟随着美国人的指引,法国革命者们宣布了他们的第十一项"人权",即"思想和观点的自由交流是人类最宝贵的权利之一。因此,每个公民都可以自由地发言、写作和印刷"。在这种保护下,1789 年有 130 多份新的政治报纸进入法国市场(Gough, 1988, p. 21),1791 年仅在巴黎就又出现 300 份,1792 年又出现了另外 300 份。法国记者率先发明了新的现场报道风格,让读者对实时展开的政治事件有身临其境之感(Censer, 1994, p. 29)。新闻业代表"公众"(Baker, 1990)也是他们最早提出的新理念。当记者们奋
56 起捍卫政治立场时,他们热情地与公众互动。正如波普金(Popkin, 1990)所写的那样,这么做的结果是:"新闻界成为使政治公开并因此具有正当性的载体,具体来说,报纸提供了一股嘈杂的声音。"(p. 5)

到了十八世纪九十年代初,法国已拥有世界上规模最大、最现代化的新闻团体。然而,至少直到二十世纪,新闻业从未在法国全面发展,也从未达到像美国那样的专业化程度。其中的缘故几乎与我们刚才讲的故事正好相反。

首先,国家从未停止干涉新闻界。诚然,在整个十九世纪,国家不断重申新闻自由的原则。然而,它总是千方百计地实行审查制度(Kuhn, 1995, p. 51)。十九世纪是法国政治的一个动荡时期。拿破仑于 1804 年掌权,但随

即在1824年被复辟的君主政权取代。1830年的“七月革命”永久性地结束了君主制时期，导致了1848年第二共和国的建立。然而，它并没有结束帝国时代，帝国时代随着1852年拿破仑三世登基而继续。1870年，随着第三共和国的崛起，法国终于实现了民主化。在这些政府之间交叠的动荡时期，新闻业逐渐发展起来。例如，记者在煽动1830年“七月革命”方面发挥了重要作用。但是一旦执政，每个政府都会迅速实施新的新闻管控。

1881年的新闻法似乎结束了这种模式。这项法律在第三共和国时期通过，正如库恩（Kuhn，1995）所描述的那样，它“废除了42部以前的法律，其中包含325项单独的条款，这些法律在过去的75年中由十个不同的政权通过”（p. 52）。代替这一系列密集的法规，这部《新闻自由法》宣布“印刷和出版都是自由的”。随着这一新法案的宣布，法国新闻业的黄金时代随之到来，一直持续到第一次世界大战爆发。在这个时期，新闻市场不断增长。根据阿尔伯特（Albert，2004，pp.24-25）的说法，战争开始时，法国的报纸发行量为每千名居民中售出244份报纸，与美国相当。美国式新闻报道也流入巴黎，因为商业新 57
闻机构的所有者试图利用他们新获得的出版自由。当时，法国新闻业看似可能与美国和英国的新闻业同步兴起。

然而，法国又一次没有效仿美国和英国的做法。首先，虽然新闻市场在法国得以发展，但它的规模从来都不是很大（Hallin and Mancini，2004，p. 92）。这主要是因为法国的广告市场仅是美国市场规模的六分之一左右。

这意味着法国实业家从来没有强大的动力在新闻业投入大量资金。相反,大多数法国报纸都是归工业卡特尔所有。这些同业联盟利用报纸来增加其政治影响力,而不是财富(Chalaby, 1997)。换句话说,商业化在法国从未像在美国和英国那样大行其道。

此外,尽管国家正式宣布新闻自由,但实际上仍然延续了长期的干涉传统。例如,腐败依然猖獗。查拉比(Chalaby, 1996, pp.321-322)指出,法国政府继续采取付费新闻报道的做法,这种做法可以追溯到大革命前的旧制度。法国记者甚至收受外国政府的贿赂。贝克(Baker, 1990)认为,更广泛地说,法国人倾向于将"公众"视为一个抽象、统一的实体。这意味着,一旦国家预见到"公众利益",就不会容许任何分歧。鉴于政治群体之间普遍存在不羁和暴力的竞争以进行政治控制,法国记者几乎没有机会将自己定位为中立的公共信息仲裁者。在政治冲突较为缓和的美国,记者们可以把他们的工作想象成准科学的。相反,法国记者则被迫选择并捍卫某种政治立场。正如查拉比(1996)所说,"在这种政治背景下,记者只能成为政治集团和派系的工具"(p. 319)。在法国新闻业的黄金时代,报纸始终与政党保持着紧密的联系。

58 最后,与美国同行不同的是,法国记者对专业化没有太大兴趣。相反,他们保留了对文坛的大量投入。对法国人来说,新闻是一种"临时职业",正如查拉比(Chalaby, 1996, p. 314)所描述的那样,他们最大的野心在于文坛。奥特加和乌马内斯(Ortega and Humanes,

2000, p. 125)写到法国和类似的地中海国家时说,报纸“更看重作家、政治家和知识分子”,而新闻是“第二职业,薪水低,人们常常渴望将其作为从政的跳板”(引自 Hallin and Mancini, 2004, p. 110)。因此,法国记者在二十世纪上半叶的专业化程度一直很低。正如哈林和曼奇尼(2004, p. 110)所指出的,这并不意味着法国记者受教育程度较低,或者在某种程度上不如他们的美国同行。相反,这意味着他们根本不想把自己的工作与政坛或文坛分开。

我们可以说法国的新闻业没能扩张。它之所以未能扩张,主要是因为国家从未为它打开过扩张的空间,也是因为新闻市场要小得多。同时与美国相比,法国的公民/政治社会更加多样化和动荡(见图 2.2)。(顺便说一句,

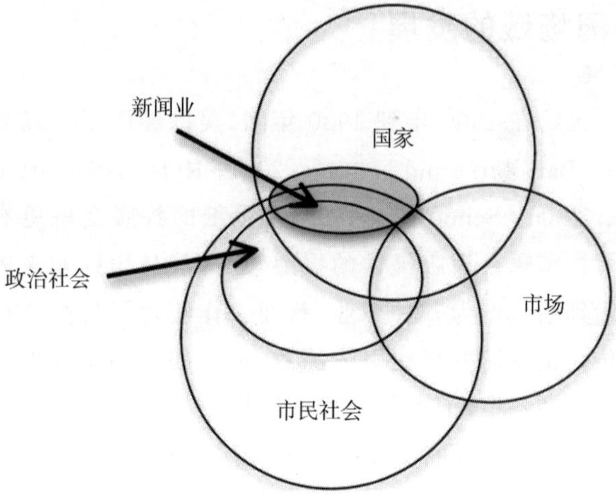

图 2.2 十九世纪法国公共生活中的新闻业

59 这意味着,虽然摩擦是新闻业发展的必要条件,但过多的摩擦会产生相反的效果。)法国记者在艺术、学院和政治团体(特别是政党)等地方找到了一个更天然的家园。于是,政治社会把记者推向了一个方向,要求他们参与其中来影响舆论。另一方面,他们被国家所牵拉,被要求协助管理舆论。从另一个角度看,记者们被艺术和一种视新闻为文学事业的观念所牵引。即使在今天,法国记者仍然保持着较高的文学志向和相对较低的新闻抱负。市场对这些压力的抵抗力很弱。在这种情况下,记者个体从事着新闻工作,其中一些人变得非常有影响力。但是新闻业不存在。公共生活的结构根本不允许其发展。这就是1789年世界上最先进的新闻系统如何衰落,到1900年时已远远落后于美国和英国的新闻系统的。

美国场域的发展

大约在1900年到1930年间,美国经历了一场新闻革命(Barnhurst and Nerone, 2001; Ryfe, 2006; Matheson, 2000; Schudson, 1998)。报纸的头版变得更有条理了。编辑在头版提供的报道较少,只是用标题来表达编辑判断。作为一种职业,新闻工作获得了更高的社会地位。记者们变得更引人注意,他们的活动也变得更加统一。在各地,记者们开始从同样的渠道收集同样的信息。他们用同样的手段把这些信息变成新闻:导语段落、核心段落等。他们的报道中所包含的声音比过去要少。权威人士(如政府官员和专家)变得更加突出,其他人则逐渐淡出舞台。在新闻报道中，句子变得更短、更有力，重事实、轻叙述。记者开始奉行同样的价值观，最重要的是奉行独立原则，独立于消息来源、编辑和受众。

到 1930 年，这场革命差不多完成了。今天的读者在 60
阅读二十世纪三十年代的头版新闻时会感到很舒适。今天的新闻更加生动，文字不太正式，但更具解释性。和那时一样，今天的记者从相同的来源获得同样的信息，并将这些信息包装成与二十世纪三十年代相同的报道形式。二十世纪三十年代美国报纸的头版更近似二十一世纪报纸的头版，而不是 1900 年报纸的头版。

我们已经在上面大致讨论了这是如何发生的。然而在实地，在实际记者的生活中，这是如何**真正**发生的呢？记者是如何创造了一个新的职业领域的？

要回答这个问题，没有比将自己投入其内部更好的方法了。想象一下，你是《纽约时报》一名初出茅庐的年轻记者。现在是 1900 年，年轻的雄心勃勃的出版商阿道夫·奥克斯（Adolph Ochs）四年前刚刚买下了《纽约时报》。自面市以来，它一直是一份“独立报纸”。这意味着你的编辑不会竞选公职，但也意味着该报纸强烈倾向于其中一个政党，在这里是共和党。在报社工作的记者要在新闻中传达出这种联系。与党报相比，《纽约时报》的记者报道了更多不同种类的话题，但正如大多数日报一样，政党政治在其新闻报道中占据主导地位。尽管你所在的报纸与共和党没有正式关系，但报纸上报道的许多新闻都来自该党提供的信息。对于十九世纪一名记者在《纽约时报》的工作的一种描述是，他把从党政官员那里获得的信息转化为党员们消费的新闻。作为一名年轻的记者,这是你要继承的做法。

你即将参与一个新的职业领域的创建。至少从你的单一角度看,这个过程过于庞杂而无法完整描述。因此,让我们取其中一部分,让它来代表其余部分。我想到了记者与作为信源的政府官员之间的关系的发展。在这些关系中,涌现出许多新闻场域不可或缺的惯例、价值观和相关的角色。

你现在处于 1900 年,《纽约时报》正慢慢从共和党中解放出来,也就是说,它不再那么紧密地追随共和党的路
61 线。然而,随着发展,又提出了一个新的、意想不到的问题:如果不是来自政党,你在哪里可以找到可靠的信息流?在过去,如果你需要一个故事,你只需要去当地的党务办公室。现在你要到哪里去获取这些信息呢?这是一个信息途径的问题,当报纸脱离政党新闻模式时,它们都会面临这个困扰。作为一名年轻的记者,你对建立一个新闻场域没有兴趣。但要想成功,你就必须解决眼前的问题。这一信息获取途径的问题可能是最重要的,并且蕴含着一个关键点:记者通过解决特定问题和利用特定的机会来建立新闻场域。

例如,要解决信息途径问题,你发现了迅速发展的行政国家。在二十世纪,政府的任务是应对比过去更多的社会问题,对于联邦政府而言尤其如此。除了内战期间,联邦政府过去一直规模较小,无足轻重。从今以后,政府将在公共生活中非常活跃,并且没有强大政党的援助。这意味着,政府官员也会更加活跃,更热衷于推动舆论以

支持其目标。这也意味着政府官僚机构(以及官僚数量)在增长。现代新闻工作的核心记者分工围绕着这些机构,这绝非偶然。毕竟,社会上没有其他组织能更好地为记者们提供源源不断的信息。更好的是,政府机构提供的信息是免费的!最重要的是,官员们发现他们需要你就像你需要他们一样。记住,他们要想成功,就必须让公民支持他们的倡议。那么,除了通过报纸版面,官员们还有什么其他办法做到这一点呢?报纸对政府如此重要,以至于这些机构开始雇佣个人——“公共信息官员”,他们的工作正是为你提供有新闻价值的信息。成为一名现代记者,很重要的一部分工作是要与这些政府消息来源机构建立关系。

这种关系反映出现代新闻业许多核心的做法和价值 62
观。例如,想想与采访相关的许多规则,我们是公开采访还是非公开采访?我可以指明你作为出处吗?我们用“深层背景”吗?[①]这些问题的答案大多取决于官方和记者的关系。或者,考虑一下记者们为避免看起来过于接近

---

① 公开采访(On the record)、非公开采访(Off the record)、“背景”采访(On background)和“深层背景”采访(Deep background)是记者在采访过程中引用消息来源的不同做法。大多数采访是“公开采访”,意思是记者可以援引被采访者的话,并直接说明出处。“背景”采访的意思是,新闻报道可以直接引用原话,但不能透露消息来源的名字,可用泛指的方式说明来源。“非公开采访”和“深层背景”涉及的信息,通常仅供记者了解新闻内幕及背景所用,不能公开报道或公开引用。更多详细信息可参阅《纽约时报》时政记者 Matt Flegenheimer 于 2018 年 8 月发表于该报的介绍性文章“What Does ‘Off the Record’ Really Mean?”(https://www.nytimes.com/2018/08/02/reader-center/off-the-record-meaning.html)。

任何特定消息来源而采用的诡计。记者们开始在公开会议上扮演“窥探者”的角色,独立于任何特定信源的利益。他们养成了总是和多个信源讲话的习惯。他们坚持实事求是,尽量直截了当地讲故事,对任何特定观点几乎不带偏见。实际上,报纸制定了整套编辑程序来消除这些偏见。从官方和记者的关系中发展出一整套新闻文化。

作为一名新记者,你可以通过巡查所分工的报道领域的方法来学习这些新技能,这涉及另一套新的做法,比如培养信源人脉和研读公共文档。很快,你在从政府收集信息方面做得非常成功,以致你面临着另一个问题:不可能将收集到的信息全部刊载出来。报纸是商业企业,所以每天投放的广告数量决定了报纸要出版的页数。新闻版面,即新闻块,是指那些没有被广告占据的报纸页面。要填满这个新闻块,你必须做出选择。因此,知道如何判断信息的新闻价值就成为新闻工作者最重要的技能之一。

关于新闻价值的选择不可避免地会引起抱怨:你为什么发表这条新闻而不是那条?你为什么用这个消息来源而不是另一个?毕竟,没有人选你来过滤官员和公众之间的沟通。你越是充当公共信息的中介,你的信誉就越容易受到威胁。

为了解决这个问题,你需要引入一些新做法。例如,你将所有重要事实都归于一个信源。这样做可以清楚地表明,是你采访过的某个人声称 X,而不是你个人。你还可以找到最权威的消息来源。当你能采访到警察局长的时候,为什么要采访一个底层的警察呢?当你可以采访到市长时，为什么还要采访市政厅成员呢？当你可以和总统说到话的时候，为什么要找国会议员呢？消息来源越权威，你的报道就越可信。最后，你开始将新闻中表达的观点与你的消息来源表达的观点保持一致，换句话说，与决策者的传统观念相一致。这样做可以使你免于被指责为带有偏见，也可以令你与那些官员保持交好。 63

的确，其中一些做法和价值观是几十年前发明的。但在这种新的背景下，它们获得了新的意义。其中一些是你自己即兴创作的，另一些则是你从其他记者那里学来的。你把这些新态度和新做法从一份工作带到另一份工作。其中最成功的一些被编入了新闻院校使用的教学手册，被传授给新闻编辑部的新记者们，作为其融入过程的一部分。专业新闻协会应运而生，并传播这些新的做法。随着上述情况的发生，这些做法逐步渗透到整个场域。

在此过程中，一开始作为解决问题必需品的做法和价值观慢慢成为美德。例如，像独立性和客观性这样的价值观刚开始是解决特定问题的务实对策。然而，很快，它们就成为这个行业的规范性戒律：你应该是独立的！这样，你就可以和其他记者分享一种规范的世界观。现在你将自己视为“公众的托管人”。你甚至发现自己在声称自己代表公众，声称你的大部分工作都是正当的，因为“公众有知情权”。这是一种新的、高尚的语言，用来描述你自己和你的活动，你很快就接受了它。

顺便说一句，并不是所有的记者都接受这样的语言，或者程度平等地接受它。新闻场域并非以统一的方式发展。要了解这种情况为什么以及如何发生，我们需要回到社会场域的内部机制，回到我们在第一章中遇到的证明和认可的过程。想象一下，现在是 1910 年，另外一位刚在一家较大的日报社工作不久的新记者来到编辑部，教你如何用“谁，什么，何时，何地”的风格写一段导语。
64 你自然会问：我为什么要这样写？他对这个问题的答案对你和其他人来说一定是看似合理的，这些人当中包括你的编辑、出版商、消息源、那些将其品牌与你的新闻稿放在一起的广告商，以及要读你报道的读者。

正如我在上一章中所展示的那样，这些正当性理由最终会在相邻社会场域的逻辑中找到落脚点。例如，当你问“我为什么要这样写这一段”时，他可能会回答：“因为它能帮助你快速写作。”“为什么快速写作如此重要？”你问道。“因为在这个编辑部里，你必须按期完成写作。”你的记者同事反驳道。“为什么我要按期完成写作？”你问。“因为我们**每天**都要在报纸上登满故事！”他说道。“我们为什么不隔天发一期报纸，或者只在有新闻的时候才发呢？”你天真地问。“因为这家报纸与广告商签订了合同，要求它每天刊登这些广告！”他回答。在这里，我们可以看到，撰写导语段落的做法在市场逻辑中找到了一个最终的正当理由。

我们现在谈到另一个关键点：任何特定的做法都可以通过许多种方式论证其合理性，相同的理由也可以被用来证明许多不同做法的正当性。为了抓住这个想法，拉蒙特和塞维诺（Lamont and Thévenot）将社会做法的这些辩护理由称为“评辨剧目”（repertoires of evaluation)。他们的意思是,任何特定的社会行动者,例如记者,都备有一套可为其行为辩护的理由。社会行为者(记者)在互动过程中会时时求助于这些理由,以说服他人他们所做的事情是合理和正当的。

例如,记者可以通过诉诸国家逻辑来辩护"谁、什么、何时、何地"的写作风格。他可能会说,读者很少去读与新闻报道本身关系不大的开头几段,因此,为了确保读者充分了解情况,记者必须在第一段中写出最重要的信息。或者,他可能会诉诸市场逻辑:他认为,倒金字塔式的段落很短,因此效率高,而且统一,由此可以在许多不同的报道中使用。他还有一个专业的逻辑。毕竟,记者有责任决定他们所报道的事件中什么是最重要的,并以一种 65
简明、合乎逻辑的方式传达这些材料。可供记者使用的辩护理由的范围取决于该场域的构成。当被要求对其行为做出解释时,记者会在互动过程中使用这些理由。随着他们变得越来越有经验,他们会发展出一种"局势直觉"。即他们知道哪些理由在什么情况下可能有效,并且他们知道行为的边界在哪里:在他们的理由对其他人而言不再合理的那一点上。新闻场域之所以团结一致,不是因为记者们意见一致,而是因为他们对如何提出不同意见,以及哪些不同意见很重要有着共同的理解。

我们从这次练习中学到了什么?首先,世界各地的记者都面临着同样的问题(关于信息采集途径、正当性和可持续性的问题),这保证了他们共享一个松散的常识。许多人在类似的商业新闻机构工作的事实则使该场域具有更强的规律性。随着新闻场域变得更加有序,新闻工作者开始在彼此身上看到自己,并相互竞争地位和影响力。在这场竞争中,新闻文化不断发展和深化。辩护和认可的过程保证了这种文化中一定程度的偶然性。记者可以通过多种方式为任何特定的行为辩护,他们的行为是否成功取决于他们能否搞定向他人辩护这件事。

辩护的必要性将新闻业与邻近的社会场域联系起来。美国的新闻场域主要在市场和国家范围内发展,而在市民和政治社会范围内发展较少(见图2.3)。这样的定位影响到可供记者使用的“评辨剧目”的内容。例如,商业理由在美国新闻业如此普遍是因为它与市场紧密相连。同样,新闻的首要价值——客观性——经常以一种进步的行政话语来表达(Gans, 1978; Schudson, 1998),或者像政府官僚们一样,记者们常常把他们的实践想象成一种准科学的专门知识,这些都并非偶然(Kovach and Rosenstiel, 2001)。正是在这个空间里,记者们形成了一
66 套独特的辩护理由。其中一些理由变得非常制度化,以至于最终它们根本不再需要理由来加以证明。换句话说,它们代表了这个场域的构成性假设。在新闻界,这些是诸如注明消息源和署名的做法,诸如客观性的价值观,以及诸如作为政府官员“监督人”的角色。一个人如果不以某种方式坚持这些要素,这个人就不是记者。这种制度化过程部分地是通过路径依赖来实现的:随着时间的推移,围绕一种做法可能积累了大量的资源,以至于变更会因为成本过高而变得不可能。当这些要素被卷入最紧张的关系,即新闻业和国家的关系中时,制度化也会发生。记者因与国家有关的活动(例如,促成新法律或政策

改变的报道)赢得大部分奖项,而畅销新闻很少为他们带来行业声望,这些都并非偶然。

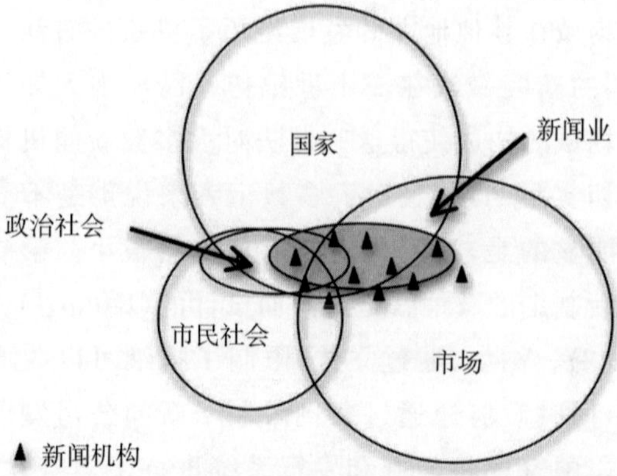

图 2.3 新闻机构在"现代新闻业"中的分布

1900 年,身为一名初出茅庐的记者,对于如何做新闻,你的问题比答案多。到了 1930 年,你已经是一名专业记者,你坐下来反思你们这一代人的成就。无意间,你们已经创造了一个新的职业领域!

法国的新闻场域 67

正如让·查拉比(Jean Chalaby, 1996)所论,新闻场域是英美特有的发明。尽管如此,我们不应夸大美国和英国新闻业的相似之处。英国记者从来没有像他们的美国同行那样强烈地支持专业化理想,或支持把客观性定义为政治中立(Hampton, 2004)。尽管如此,新闻大众市场首先在这两个国家中开放仍然是历史事实。这两国对新闻界施加的政府限制最少,新闻专业化也是首先在这两个国家扎根的。

新闻场域在其他地方的发展经历了更长的时间。在法国,美国的新闻做法在二十世纪初就已广为人知。但法国新闻场域的构成使得这些做法对大多数新闻机构来说都是不切实际的,并且对大多数记者来说也是不受欢迎的。最明显的是,法国的新闻市场仍然很小。第二次世界大战后制定的政策就是为此而设计的(Kuhn, 1995, Chaps. 1, 2)。例如,通过立法,限制了报纸可以收取的广告费率,同时政府还通过条例限制了新闻公司发展壮大的能力。国家还将印刷和发行系统进行了国有化,也许更值得注意的是,对广播系统也进行了国有化。二十世纪八十年代前,独立于国家之外发展电视新闻业都是不可能的。第四共和国还建立了欧洲规模最大的报业补贴制度之一。这样做是为了确保许多不同的政治观点可以通过新闻表达出来。在美国,正是为了满足日益增长的新闻市场而发明了新的新闻做法。法国的新闻机构参与这样一个市场的机会有限,因此对美国的新做法几乎没有兴趣。

68 法国的新闻机构在政治和公民领域倒是有许多机会。与美国相比,法国政治在意识形态上一直更加多样化,这意味着更多不同类型的团体争夺政治权力。这些团体与报纸保持着密切的联系。例如,据查拉比(Chalaby, 1996)记述,二战后在巴黎出版的 46 份报纸中,有 40 份"有明显的政治倾向,并**明确**捍卫一种政治学说”(p.319)。在二十世纪四五十年代，绝大多数政治团体都拥有和经营至少一家报纸，绝大多数报纸都奉行一种政治学说。这些团体多在公民和政治领域开展活动，表明它们对商品新闻的兴趣不大，对说服性新闻更感兴趣：后者能够将组织的成员召集在一起，或者吸引新的拥护者。

对美式新闻风格，即使法国记者愿意，他们也很少有机会以美式方法从事新闻工作。然而，大多数人并没有这种愿望(Marzolf, 1984)。相反，他们继承了提升文学风格的悠久传统。对大多数法国记者来说，像美国记者那样挖掘事实是不体面和无意义的。一方面，它忽略了新闻的意义在于启发并促进行动。另一方面，它不需要什么技巧。任何人都可以从新闻发布会上收集事实，却很少有人能写出引发人们采取行动的文章。与美国记者不同，法国记者对获得专业地位兴趣不大。

即便如此，他们确实有兴趣使新闻成为公认的职业。到了二十世纪二十年代，法国记者有了自己的工会，1935年政府通过了一项法律，承认新闻是一种职业。尽管认证程序非常松散——记者要获得认证，只需出示他们曾为任何一家新闻机构写过的一篇文章——但从那时起，他们仍然必须获得新闻工作者联合会的认证。记者们还成立了新闻学会，新闻院校的数量也在增加。换句话说，法国的新闻场域在发展，只是发展过程跌跌撞撞。从一开始，它就比美国的新闻场域更容易被外力渗透，对国家的影响力更为开放，并且在自主权方面也不那么稳固。即使在最发达的时候，它的情况也与美国不同。图2.4将结果进行了可视化(另见 Benson, 2005, 2013)。国家对法国新闻业的干预总是更为有力;该场域对市场的暴露较少,规模较小。然而,它更多地融入了市民社会和政治社会,在意识形态上也更加多样化。

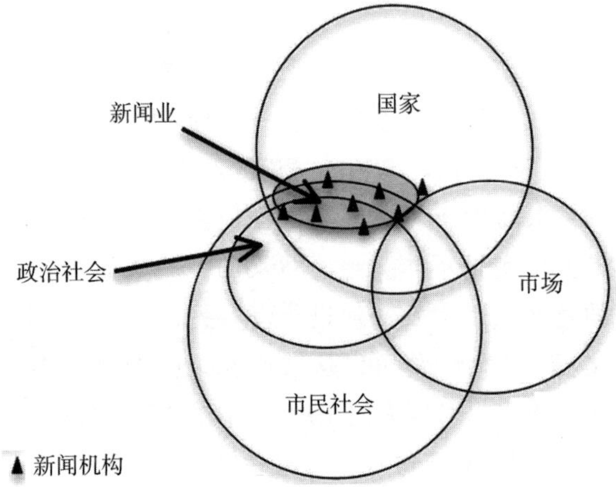

69

图 2.4 法国的新闻场域

想象一下你是这个场域的记者。在你面前有哪些机会和约束?由于许多新闻机构或多或少都与某个政治团体相关联,你的大部分机会将来自该场域的这一部分。这些机构对你表达和捍卫政治观点的能力与收集和报告事实的能力同样感兴趣。另一种表达方式就是,他们对新闻作为一种商品不太感兴趣,而对新闻对公共辩论的贡献更感兴趣。像你的美国同行一样,你也面临着信息收集途径的问题,和他们一样,你通过与政府部门保持深厚的关系来解决这个问题。不过,与美国不同的是,法国当局握有更多管理新闻的工具。他们有更多的规则可用，并且在规则失效时，有悠久的审查传统可用。因此，你与政府的关系充满了更多的危险。作为回应，与你的 70
美国朋友相比，你可能更少对抗，更多合作（Chalaby，2004；Charon，1991）。和在美国一样，你可能在你选择的职业中获得地位，但这样做的标准明显不同。在美国，最受青睐的职位是调查记者。在法国，则是文学记者。所有这些都不应意味着法国新闻业与美国新闻业完全不同。法国有调查记者，美国也有文学记者。相反，这是说，这些场域如出一家：它们相似，但不完全相同。可供法国记者选择的“评辨剧目”与美国不同，因为摆在他们面前的问题和机遇不同。

新闻形式

这种差异最终以特定的新闻形式表现出来，具体表现为特定场域内典型的或常规的新闻形式。在说这句话时，我们应该避免使用“总是”或者“从不”这样绝对化的词语。再重复一遍，法国和美国的新闻在一些重要方面是不同的，但它们并不是绝对不同。美国也有立场倡导型的记者，他们很看重自己的政治角色，就像法国也有以市场为导向的记者在撰写常规的商品新闻一样。尽管如此，许多学者在比较了法国和美国的新闻业后，发现两者之间存在着显著差异（Alexander，1981；Benson，2002，2013；Benson and Hallin，2007；Esser and Umbricht，2014；Hallin and Mancini，2004）。主要区别在于：美国新闻业往往更注重事实,语气更为中立。相比之下,法国新闻业更可能将新闻和观点混在一起,并且更具党派性。在美国记者中,还有人认为,法国新闻业不如美国新闻业不偏不倚。但是,本森(Benson, 2013)对法国和美国关于移民新闻的内容分析表明,情况并非如此。

71 美国记者通过区分新闻报道和评论文章来区分事实和观点。在新闻报道中,他们通过引用和署名的做法来突出事实:每一个重要的事实都有其来源,这个来源可以是一份文件,但通常是某个人,通过引述将事实与此人联系起来。为了提供更全面的叙述,记者深度介入对发言者话语的处理,并通过纳入持有不同观点的信源,以及确保每个报道都包含表达这些观点的引语,来保持报道的平衡性。法国新闻业采用了本森(Benson, 2013)所说的"辩论合奏"的形式。在某种程度上,这意味着法国新闻里的主要冲突往往被描述为视角与视角之间的冲突,而不是发言者与发言者之间的冲突。与美国新闻相比,法国新闻包含来自更广泛组织的更多观点。法国记者允许发言者更充分地表达自己的意见。他们的报道较少以事实为中心,而更多地以观点为中心。他们的语气不那么正式和中立,更倾向于突显视角。

对新闻报道的内容分析表明,美国和法国新闻中的这些差异是系统性的。例如,埃瑟和翁布里希特(Esser and Umbricht, 2014)发现,美国报纸在二十世纪六十年代87%的时间里以及二十一世纪前十年78%的时间里包含"硬事实"结构。相比之下,法国报纸在同一时期仅使用了70%的"硬事实"结构(p.237)。本森(Benson,

2002)也有类似的观察。在对全国性新闻媒体的分析中,他总结道,“事实性和规范性写作的混合运用”与较少使用采访这种信息收集技术,继续标示出法国新闻业与美国同行的区别(p.63)。对此,本森和哈林(Benson and Hallin, 2007)表示赞同。他们的研究显示,法国新闻报道的语气平均有70%的时间是中立的,而美国新闻报道有95%的时间是中立的。这些是质量上的差异,而不是种类上的差异。法国报纸在大多数时间(70%)内采用“硬事实”结构,而大约相同比例的法国新闻在基调上也是中立的。这种差异不是绝对的,但是它们存在,并且随着时间的推移而持续存在。

这些差异的体现方式之一是各个场域相对于政府而 72
言所承担的体制性角色。在美国,记者担当着监督者的角色。这表现在美国记者对调查性新闻的偏爱上。即使在今天,对美国记者来说,伍德沃德和伯恩斯坦对水门事件的调查仍然代表着卓越新闻的典范(Schudson, 1993)。相比美国同行,法国记者对政治更为投入。因此,他们更有可能成为批评者,而不是监督者。例如,本森和哈林(Benson and Hallin, 2007)发现,法国的新闻报道比美国新闻报道包含更多对政府的批评。这主要是因为法国记者更有可能代表党派新闻机构,或者至少是政治上活跃的新闻机构。然而,法国记者对调查性新闻的兴趣弱得多(Charon, 1991; Rieffel, 1984)。查拉比(Chalaby, 2004)指出,二十世纪五十年代之前,调查性新闻在法国根本就不存在,直到二十世纪八十年代才变得更加普遍。然而,即使在今天,“仍然只有极少数的记者在做调查新闻，"查拉比写道，"因为很少有媒体机构有资源支付冗长研究的费用"(p. 1200)。

经过近20年对法国和美国新闻业，特别是对二者的移民新闻报道进行比较研究后，本森(Benson，2013)得出结论：

> 在美国，个性化的"戏剧性叙事"已经成为一种占主导的新闻报道形式，由此产生了一种倾向……倾向于调查报告和人情味新闻。相比之下，在法国，"辩论合奏"的形式主要是为了促进理性的、即便常常引发论战的辩论，并提出多种多样的观点。(p. 16)

美国记者偏爱叙事风格，与他们在市场中所处的位置有关，他们必须在其中制作商品新闻，也与美国以个性政治为导向的政治体系有关。法国新闻爱用"辩论合奏"与其在政治和市民社会中的位置有关，也与国家对新闻场域的强力干预有关。

73 归根结底，这些差异源自对新闻业和公共生活的意义存在略有不同的理念。在美国，记者想象他们在告知那些原本无知的公民；在法国，记者则想象他们在发动那些已经知情的公民。当被问到为什么要制作关于政府官员的侧重事实、不偏不倚的报道时，美国记者认为读者和观众需要了解问题的两方面。为什么读者和观众需要了解两方面？记者们回应说，了解两方面信息才能对这些问题形成意见。为什么读者和观众需要形成意见？记者们说,形成意见才可能引导官员的行动。在这里,我们对公共生活有了一个构成性的理解:官员做事,公民吸收信息并形成意见。在法国,公民已经被一系列政党和政治团体预先动员起来。因此,他们已经知情,并且已经具备观点。在这种情况下,新闻的重点不是提供信息,而是发动他们——具体地说,要使那些对问题已经非常了解,并且希望在新闻中讨论和看到这些问题被讨论的读者和观众参与进来。当美国人认为公共生活是(或应该是)由专业知识支配时,法国人理解的公共生活是由政治论争来定义的。这些对于公共生活的想象造就了不同的“评辨剧目”,可供记者为其行为辩护。

总　结

对法国和美国新闻的比较为我们提供了一个极好的机会来使用我们在上一章中开发的工具。新闻在公共生活中的位置为新闻工作者带来了特殊的问题和机会。当记者们针对这些问题和机遇采取行动时,他们开始建立一种共同的文化。为自己的行为进行辩护的必要性——向他人说明为什么要这样做而不是那样做——使这个过程充满活力。随着时间的推移,新闻文化获得了一致性,这是以另外一种说法来表示,记者们转向并接受用同一
种理由来为同一种行为辩护。当这种情况发生时,场域 74
的边界变得更加清晰,内部结构也更加有序。在西方,这一过程产生了一系列不同的新闻场域。德国的新闻场域不同于丹麦的新闻场域,也不同于意大利的新闻场域等,

但他们都如出一家。一方面,这是因为英美场域的元素已经迁移到欧洲各地,另一方面,西欧国家经济大多以市场为基础。因此,新闻也有了相似的面貌和感觉。

在一篇总结文章中，布卢姆勒和库申（Blumler and Cushion，2013）对规范理论在新闻学研究中的日益边缘化感到痛惜。“如果新闻学研究变得过于孤立，”他们写道，“变得专注于新闻生产的实践世界……那么，新闻与公民价值观之间的基本关系就可能成为遥不可及的问题。”（p. 262）这一论点取决于实践和价值观之间的区别。研究者要么研究“新闻生产的现实世界”，要么将注意力集中在“新闻与公民价值观的关系”上。虽然这一框架是可以理解的，但它提出了一个可能毫无根据的严峻选择。事实上，实践可能牵涉价值观（反之亦然），以至于如果不考虑其中一个就不可能理解另一个。

在本章中，我们将考察规范性论述与新闻实践之间的关系。具体地说，我们将考虑这样一种观念，即规范论述在新闻业中发挥着非常重要的实际作用。在前面的章节中，我们了解到新闻是由关于实践是什么和为什么的构成性规则来定义的。反过来，这些规则是以更广泛的公共生活的构成性承诺为基础的。当记者被要求为这样或那样的做法辩护时,他们不可避免地会诉诸这些承诺。因此,这些承诺代表了新闻业和公共生活之间的重要分析纽带。在这里,我想说,新闻业的规范愿景把这些承诺置于条件语态中。也就是说,它们正是记者们用来
104 辩护自己行为的"论证剧目"(repertoires of justification)(Lamont and Thévenot, 2000)。你问我为什么要这样做?因为这是我**应该**做的!从这个角度看,关于新闻"应该"或"可能"是什么的规范性理念可以激发新闻工作者的情感,并指引他们的目标。这些意义的存储库给新闻业注入了想象力,一边塑造我们对记者在做什么的想象,一边让想象仍然处于新闻业范围之内。简言之,价值观定义了有可能做什么的界线,并仍然固守在场域边界之内。

当我们发展这一观念时,我们应该意识到新闻的规范性理念种类繁多(Christians et al., 2009)。幸运的是,我们无须深入讨论它们每个的细节。相反,出于我们的目的,我们将把它们分成三大类。第一类也是最常见的,是说新闻应该讲述真相。观察者可能借此意指很多事情,其中包括:新闻应当准确;新闻应当公平和/或公正;新闻应当独立于它报道的人和事;新闻应当提供平衡、完整和不偏不倚的呈现。这些术语——"真相"和"客观"、"公平"和"公正"、"偏见"和"平衡"——并不对等。不过,这些词通常代表了新闻应该准确描述现实的想法。第二类词,不像第一类词那么存在已久或常见,是说新闻应该建立共同体。这种观点的倡导者关注于以下问题:记者代表共同体的所有成员吗?他们促进公共参与吗?他们

体现共同体的价值观和道德观念吗？他们培养公民美德吗？他们培育社会资本吗？这些术语——“多样性”和“代表性”“公共参与”“公民美德”“社会资本”——构成了共同体建设的词汇。第三类观点比其他类出现得晚，但在学术文献中可能更具影响力，它认为新闻应该为一种特殊的共同体——商议共同体——服务，这就是说，新闻业应该促进针对严肃公共问题的深思熟虑的公共讨论。在这里，“理性”和“讲道理”、“信息”和“商议”、“谈论”和 105
“讨论”是常用词语。

在现实中，学者们经常把这些词语融入他们对新闻可能是什么以及应当是什么的论述中，但是出于描述的目的，我们会把每个词当作一种理想类型。在接下来的内容中，我们将勾勒这些规范性的传统，然后追问它们如何帮助我们定义新闻的想象力。

我认为，这项练习使我们能够就记者可利用的想象力资源做出一些观察。首先，讲真话是该场域的主导日常意识和俗语。当记者和其他对新闻感兴趣的人想象它应该是什么样的时候，他们多半会想到，最重要的是报道真相。第二个观察结果：新闻业的集体想象强烈地指向国家。以新闻应该讲述真相的想法为例。多数情况下，记者们都会把这种做法想象成与国家有关。即使他们将注意力集中在其他地方，他们仍然依赖国家来核实他们收集的信息。这并不是说共同体建设在该场域的集体想象中是被忽视的。相反，它只是扮演了一个次要的角色。实际上，它最常出现在关于新闻在政治共同体或公共领域中的作用的对话中。正如哈贝马斯教导我们所说，这一领域产生于市民社会,但是**面向国家**。换言之,即使当观察者们谈到新闻在建设共同体方面的作用时,他们常常也是指新闻业与国家的关系。

接下来是第三个观察。新闻与该场域基于市场的规范理念之间的关系糟糕。至少在英美,关于**新闻文本**有一个相对较强的基于市场的概念。这与“思想市场”的比喻有关。根据这一观点,信息应该在不受政府干预的情况下无缝流通,几乎就像它存在于自由市场中一样,以便思想根据各自的优点相互竞争。除了这个新闻形象之外,基于市场的**新闻业**观念得到的支持要少得多。即使在英美,也很少有记者或新闻观察员认为新闻业的存在是为赚钱。事实上,我通过对文献的梳理只发现了一例:
106 舒德森(Schudson, 2005)的逆向论点,即对市场的依赖对新闻业也许并没有那么坏。这并不是说市场是无形的。有时,人们会发现,记者们会借助市场来庇护自己远离国家干预。一个例子是美国记者对私有制的相对热情。更广泛地讲,市场往往在新闻想象中扮演着更强大的陪衬或对抗者角色。记者们通常将市场视作对他们关于新闻可能是什么或应该是什么的理想形象的主要威胁。在扮演这一角色时,市场加剧了该场域的紧张局势,正如我们在前几章中所解释的,这种紧张关系对于该场域的完整性必不可少。

鉴于这些矛盾,可以公平地说,新闻业并不存在一个正式或系统化的基于市场的规范愿景。如果有什么一致的东西,那就是记者们对市场的普遍敌意。剩下的便是各种术语,随意地分布在整个场域。

总的来说，布卢姆勒和库申不必担心规范理论的命运。它是新闻实践的组成部分。如果没有它，记者们将没法弄清楚新闻在固守其场域界限的同时还可以做到的各种可能。

规范性论述

想象一下，你是一名记者－企业家。也许你有新闻界的背景。你可能在报纸、杂志或电视台工作过。或者你根本没有这样的背景，你只是想成为一名作家，讲述你所在社区的故事。如今，廉价的数字工具使你开始自己的新闻运营成为可能。创建一个网站并开始工作是很容易的。但首先你得回答一些基本问题。你想成为一名记者，但这意味着什么？当你从事新闻工作时，你实际上会做什么？这个问题的答案以另一个问题的答案为前提：你**想象**能做些什么？在你看来，记者**应该**做什么？注意，你现在发现自己处于条件语态中——将会、可能、应该的 107
语态。这是想象力的声音，当你着手将自己打造成一名数字记者时，正是这种声音注入了你的情感，并影响了你的意图。

当我说条件语态注入情感并影响意图时，我是什么意思呢？我是从格尔茨(Geertz，1973)那里得到的这个想法。在一篇关于宗教作为一种文化系统的文章中，格尔茨将宗教定义为一种符号系统，它“通过制定一套关于存在的普遍秩序的构想，并给这套构想披上一层真实的光环，从而让人们建立起……志向……这些志向似乎是唯一现实可行的”(p. 90)。在这种情况下,志向是指“在特定情况下……执行某些行为的……倾向”(p. 96)。为了说明这一点,格尔茨从赖尔(Ryle, 1949)的作品中引用了一个自负的人的例子。当我们遇到一个自负的人时,我们预料到他会是自以为是的,也就是说,他会把注意力集中在他自己、他的追求和他的成就上。格尔茨写道,自负“就是倾向于以一种公认的自负方式行事”(p. 96)。换言之,格尔茨说的是,文化影响意图并产生激情。它促生一种固执或持久性,使某些行为能够在适当的情况下进行。

新闻的条件语态也有类似的作用。规范性论述以特定的模式对符号环境进行排序。这样做,它们创造了意义的可能性,并因此促发行动的意愿。这个过程既是个人的,也是社会和文化的。作为一名记者,对于任何你想做的事情,你都必须向在此实践中有付出的其他人(其他记者、受众等)辩护其合理性。这意味着,你不仅不能做你无法想象的事情,你也不能不被认可地做**别人**无法想象的事情。在某种意义上,我们可以说,条件语态勾勒出了新闻业集体想象力的边界。

因此,毫不奇怪的是,这些说法自该场域开始以来就已经存在(Christians et al., 2009; Ward, 2004),或者自那时以来不断深化和发展。学者们以不同方式整理了这
108 些叙述。例如,在最近的一篇评论中,布卢姆勒和库申(Blumler and Cushion, 2013)发现了六种传统,它们可以追溯到约翰·杜威和沃尔特·李普曼的著作。这六项内容包括讨论新闻业在不同政治制度中的作用、新闻业在

选举中的作用、有效政治传播的障碍、适当的新闻角色和身份、新闻中所传达的政治信息的充分性，以及最后在良好的社会背景或是良好的政治社会背景下的新闻业。其他人以不同的方式汇聚了规范性文献（Christians et al., 2009）。在我自己的阅读中，以下几项基本命题似乎是大多规范性论述的基础。其中最主要的是新闻和新闻工作者应该讲真话。因此就让我们从这里开始吧。

新闻应当讲述真相

首先，记者应该说真话，这是对新闻最持久和最普遍的规范性理解。施特雷克富斯（Streckfuss, 1990）指出，早在十七世纪，约翰·弥尔顿（John Milton）就把真实性用作辩护出版自由的理由。同样，沃德（Ward, 2004）认为新闻中“原始客观性”的出现可以追溯到十七世纪英国周刊小报的发明（p. 90）。据沃德说，这些小报的出版商自诩为史实记录者。当我们提到“事实”和“真相”等词语的用法时，我们需要小心。随着时间的推移，单词可能具有不同的含义。例如，诺德（Nord, 2001）观察到，十七世纪的美国人看到了新闻真实性的需要，但对他们来说，真实性是“由相信一切都是按照上帝的完美计划发生的信念塑造的”（p. 32）。新英格兰人寻求的是一种宗教真实性，他们设想了一种能够发现并传播这种真实性的新闻形式。十九世纪的美国人也认为新闻应该发现真相。但到了此时，宗教已将其在公共生活中的主导地位转让给了政党。对这些美国人来说，新闻应该发现并表现一种

政治真实性,一种根植于党派世界观的真实性。因此,尽管新闻生产从一开始就肩负着寻求真相和获取事实的任
109 务,但什么才算是值得寻求的真相和值得获取的事实不尽相同。

在这里,我们仅限于现代时期,这个时期大约从二十世纪二十年代开始。在这一时期,讲述真相与以客观性概念为中心的一篮子术语联系在一起。这首先发生在美国,在那里,新闻行业最早扎根。二十世纪二十年代末,美国记者开始使用"客观性"一词(Streckfuss, 1990)。然而,正如马拉斯(Maras, 2013)所指出的,早在十九世纪三十年代,"原始客观性"就已经开始蔓延于美国新闻业。到了十九世纪七八十年代,新闻学作为一门准科学的概念已经深入人心(Schudon, 1978, p. 78; Schiller, 1981, p. 88)。这时,初出茅庐的记者们开始幻想自己是在揭露社会的基础,就像科学家们开始揭示自然的运转一样。不过,施特雷克富斯(Streckfuss)总的来说是对的。直到二十世纪二十年代,客观性才成为新闻业内的一种行业规范,一种如舒德森(Schudson, 2001, p. 149)所说的"道德理想",以及一种占主导地位的"职业价值观"。换句话说,直到二十世纪二十年代,客观性才成为该场域的驱动力。

"客观性"一词与一系列相关术语有关(Mindich, 1998; Schudson, 2001)。在某种程度上,它是一种**哲学态度**:一种将事实与价值观区分开来的偏好,一种超然于事件的姿态,一种公正的态度。客观的记者与他们报道的事件的结果没有利害关系。在另外某种程度上,客观

性与**伦理规范**有关，即一种独立和公平竞争的观念。例如，一名客观的记者与他的消息来源保持一定的距离，并努力对事件做出公正的描述。例如，他致力于准确引用消息来源，并将这些引用置于适当的上下文中。在某种程度上，客观性还与一系列**做法**相关，例如在收集到的事实的基础上构建故事，核实信息，确保新闻报道中的观点是平衡的，或将事实归于权威来源。从这个意义上说，客观新闻是一种方法，它旨在发现或多或少接近事实的真相，或者正如科瓦奇和罗森斯蒂尔（Kovach and Rosenstiel，2001）所说的，“新闻真实性”（p. 42）。 *110*

我们可以说，这些词——来自价值观的事实、超然和公正、真实性、平衡和具名引用，构成了记者们和其他人在讨论记者应该做什么时所使用的以客观性为中心的术语总汇；这些是记者们向他人解释自己为什么做自己的工作，以及为什么应该这样做时所使用的词语。

当我们以这种方式将客观性视作论证的剧目时，很容易看出，这些术语可以用不同的方式组织起来，客观性在不同社会、在该场域中的不同立场中可能意味着略有不同的东西。举个立场倡导型记者的例子。有许多这样的人在新闻界工作。作为倡导者，他们显然与结果有利害关系。一位环保记者对环境深表关注。一位民权记者认为自己是这些权利的拥护者。出于这个原因，倡导型记者可能对他们应该脱离其所报道的问题这一概念不以为然。他们可能不赞成平衡的做法，也不区分事实和价值观。尽管如此，他们可能仍然对准确性和基于事实的报道感兴趣。他们可能会争辩说，他们传播的信息是基于事实的,并且已经通过既定的新闻做法进行了核实。换句话说,在客观性的范畴内,他们可能会强调事实的收集和核实,同时淡化公正等价值观和平衡之类的做法。

在不同国家的情况也是如此。许多研究表明,西方民主国家的主流记者或多或少都接受某种客观性的概念(Weaver and Willnat, 2012)。但是欧洲记者认为,不太需要严格区分事实和价值观(Chalaby, 1996; Esser and Umbricht, 2014; Hampton, 2008; Høyer and Pøtker, 2005)。确实,意大利记者在报道中几乎完全摒弃了平衡和具名引用的做法(Mancini, 2005)。当人们跳出西方语境时,情况也是如此。世界各地的大多数记者都持有某种客观性观念。但在拉丁美洲,记者拒绝采取不偏不倚
111 的立场(Waisbord, 2000),而在亚洲,客观性通常与对国家行为者的大力支持有关(Hayashi, 2011; Maras and Nip, 2015; Zhao, 2012)。

这就是说,与客观性有关的词汇是灵活而可塑的。

尽管有这种灵活性,客观性在实践中总是与专业新闻业相关联。为什么会是这样呢?舒德森(Schudson, 2001)提出了四点理由,两点与该专业的内部需求有关。客观性是新闻工作者彼此认同并创造群体团结的一种方式。它也事关外部专业区分的问题。具体地说,是将新闻与公共领域的其他专业传播者(公共关系专业人士、广告专业人士、政治专业人士)区分开来。这种观点认为,新闻工作是独特的,因为它努力产生客观的报道。客观性盛行的另外两个原因与外部的社会控制有关。客观性是编辑和出版商对通常既庞大又难管理的编辑部进行控

制的一种方式。编辑可以要求记者遵守特定的价值观和做法。出版商可以坚持要记者保持客观，从而避免政治上有争议的问题。

并非所有这些条件在每种情况下都重要，或者说都那么重要，但至少有一些在任何情况下都很重要。加在一起，它们使客观性词汇成为该场域的自我概念的核心。

因此，客观性为该场域带来了难以置信的成效。我这么说的意思是，它催生了几乎持续不断的对话，关于记者是否、应否、能否做到客观以及如何去做到客观。这段对话始于李普曼（Lippmann，1922）的断言，即记者应努力说出真相，并且他们可以依靠"政治观察站"，即国家机构来帮助他们这样做。从那以后，持这种观点的声音变得越来越响亮。从二十世纪七十年代开始，批评家们开始对客观性理念发起猛烈的攻击。有些人认为客观的观点在认识论上是不可能的（Altheide，1976；Durham，1998）。其他人指出，在实践中，客观新闻过度地将新闻业与国家联系在一起（Bennett，1983）。毕竟，一名客观 112
的记者除了从一个机构中收集事实并要求另一个机构予以核实之外，还能做些什么呢？其他人认为，客观性将新闻业与国家紧密相连，使该领域在智力上被阉割（Glasser，1992）。按照这种观点，新闻只不过是一项技术性工作。更糟的是，客观性成了一种"策略性仪式"（Tuchman，1972），成为记者们用来保护自己免受批评的盾牌。

这些批评已对该场域产生了影响（Bell，1998；Overholser，2006），并抑制了"客观性"一词的使用。但批评家们并没有把客观性从其显赫位置上赶下去。即使在今天,在经过了几十年的批评之后,以客观性的名义讲述真相仍然是记者们的强烈理想。在一个充满巧言和“做真”的时代,他们捍卫其认识论价值(Fuller, 1996; Scheuer, 2008)。他们在现实主义或实用主义哲学的基础上为该术语发展出新的哲学辩护(Figdor, 2010; Muñoz-Torres, 2012; Ward, 2004)。他们认为客观性与其说是一种理想,不如说是一种方法,并捍卫这些方法,视其为优秀新闻的基础(Kovach and Rosenstiel, 2001)。他们用“公正”“公平”“准确”以及最近的“透明”等新术语取代了客观性一词。最重要的是,他们捍卫新闻就是并且应当是寻求真相的活动这一观点。如果新闻不追求真相,他们问,那它的目的又是什么呢?

新闻应当创建共同体

当现代性(如工业化、城市化和世俗主义)在十九世纪出现时,观察家们开始赋予新闻业新的角色。黑格尔是最早对此角色做出暗示的人之一,大约在1803年到1805年间,他在笔记中写下了一段令人费解的评论。巴克-莫斯(Buck-Morss, 2000, p. 844)引用他的话说:“阅读报纸是一种切实的晨祷。人们在读报中调整自己对世
113 界的态度。”在这里,黑格尔提出,报纸正在取代传统的宗教制度,帮助人们理解和驾驭周围的世界。

黑格尔从未跟进他那有趣的评论,但是二十几年后,亚历克西·德·托克维尔(Alexis de Tocqueville)用略有

不同的语言做了这件事。1831 年，托克维尔访问美国时，对社群在民主社会中的作用感到震惊。他写道：“人们更好地利用了社群，这种强有力的行动手段在美国被应用到了比在世界任何其他地方都更多样的目标之中”(1840/1969, p. 189)。为什么社群在美国如此重要？托克维尔认为，它们的部分用途是为了防止任何个人或小团体获得绝对的政治权力。托克维尔还看到，在一个以个人自由而非传统纽带为特征的现代社会，结社允许个人协调集体行动，并表达共同的价值观。这就是为什么“在任何一项新事业的最前面，”他写道，“在法国，你会发现政府，或在英国，可以看到领主，然而在美国，你一定可以找到一个社群。”(p. 513)

正如社群对民主生活至关重要一样，托克维尔认为，报纸是社群的核心。一方面，报纸是“把相同的思想同时放在(大量)读者面前”的唯一有效手段(p. 517)。从这个意义上讲，它们是组织和协调群体的工具。另一方面，它们是传递价值观的手段。托克维尔说：“一份报纸只有在宣传了许多人共有的情感或原则的情况下才能生存。”(p. 519)在一个缺乏集体联系的社会里，报纸对于创建和维持社群至关重要。把托克维尔的思想翻译成黑格尔的话，我们可以说读报已经成为美国的公民宗教的一部分。

现代性伊始，人们对城市化和工业化对传统社会的影响只有模糊的认识，黑格尔和托克维尔的见解令人震惊。然而，随着时间的推移，观察者们一次又一次地回到这些想法中。例如，在 1887 年，特恩尼斯(Tónnies, 114
1887/1957)认为传统社区正在迅速地让位给现代社会。

与黑格尔和托克维尔一样,特恩尼斯认为社会(相对于社区)是根据不同原则组织起来的。一方面,现在是舆论而非教会在引导人们把握世界。当然,他认为新闻界是舆论的核心:"报刊是舆论……真正的工具……它具有可比性,并且在某些方面优于国家通过其军队、国库和官僚行政部门所拥有的物质力量。"(p. 221)罗伯特·帕克(Robert Park, 1922)对美国移民报刊的研究是另一个例子。他观察到,"移民""组织"了起来,而新闻是这种做法的核心:"新闻是一种紧急信息,人们用它来做出适应新环境的调整、改变旧习惯和形成新见解。"(p. 9)

没有人比约翰·杜威更广为人知地把新闻、社区和现代公共生活联系起来。杜威是受到沃尔特·李普曼(Walter Lippmann)言论的激励而就这个问题写作的。后者在一系列书中提出,"公众是幻影",历史上所理解的民主在现代社会是不可能的(1922, 1925)。在对这部作品的评论中,杜威称其为"也许是迄今为止对民主最有效的控诉"(Dewey, 1922, p. 286)。李普曼是对的吗?民主在现代社会根本不可能吗?在《公众及其问题》一书中(1927),杜威指出李普曼是错的。公众并不是"幻影",他说,它只是杂乱无章而已(p. 109)。"机器时代极大地扩大、增加、强化和复杂化了(社会的)范围……在客观而非社区的基础上,已经形成了如此庞大而牢固的行动联盟,以至于其中的公众无法识别和区分自己"(p. 126)。这是杜威的诊断。他的治疗方法呢?一句话,沟通。"我们拥有(备有)沟通交流的物理工具……如果没有这样的沟通,公众将仍然形象模糊……在伟大社会转变为伟大共同体之前，公众将持续隐身不明”(p. 142)。

当杜威想象“新的传播工具”时，他想到了电影和广告、广播和公共关系。然而，最重要的是，他想到了新闻。 115
然而，并不是曾经(并且仍旧)构成每天新闻摘要的八卦和刺激的零星新闻，相反，杜威想象的是一种审慎并理性的新闻形式，一种整理和报告科学(或至少是行政)调查结果的新闻形式。现代社会科学为这种调查提供了一种结构。杜威认为，需要一种方法，将这些技术性和抽象性的调查转化为与公民的有效沟通。他在新闻中找到了解决方案。对他来说，新闻有望把科学调查带到现实中，使之真实、及时，并与现实相关联。

在对李普曼的回应中，杜威明确了可以追溯到黑格尔的漫长思路：他认为，新闻业可能会激发一个“伟大共同体”，一个适合现代的共同体。这种新闻形象席卷了整个新闻界，特别是在二十世纪下半叶。据一位消息人士说，1961 年，北卡罗来纳大学开设了第一门“社区新闻”课程(Lauterer, 2006, p. xviii)。从那时起，新闻作为共同体建设者的形象就一直存在于该行业中(Forde, 2011; Reader and Hatcher, 2012)。

与客观性一样，“社区新闻”一词也迅速发展成为一个语义关联的网络。最常见的是社区和地理规模之间的关联。人们认为，社区新闻发生在村庄和社区，小镇和农村地区。正如劳特尔(Lauter, 2006)在其关于该主题的书名中所说，社区新闻具有“顽强不懈的地方性”。在发展中国家，社区新闻有时与经济可持续性或所谓的发展新闻相关联(Bowd, 2006; Maslog, 1985, 1989; Moore

and Gillis, 2005)。社区新闻常常与公共参与联系在一起:人们认为,社区新闻越多,公共参与就越多。研究者有时用“社会资本”一词来正式表达这种关系,它是一种公民和社区可以产生和积累的资源,以促进更大的社会合作(Putnam, 1995)。社区与国家之间是另外一种关联。新闻将人们与安德森(Anderson, 1983)所指的所谓的想象中的共同体联系起来,或是与广义的国家概念联
116 系起来。在以上每一种关联中,新闻都会产生和复制把人们联系在一起的符号。共享的符号环境为更多的公民活动和社会合作创造了条件。

学者们已经证明这一理论在现实中有一定基础。很多关于社区新闻的研究都是在美国进行的。具有讽刺意味的是,这些研究与其说是出于对社区改造的关注,不如说是出于对增加报纸读者的关注。面对日益减少的发行量,报业在二十世纪六十年代开始资助有关人们为何阅读(或不阅读)新闻这一问题的研究。莫里斯·贾诺维茨(Morris Janowitz, 1957, p. 12)是帕克(Park)的学生,当他发现更能融入社区的人更有可能读报时,他对此提供了一个较早的答案(另见 Merton, 1950)。也就是说,社区联系与新闻消费相关。自贾诺维茨的研究以来,数十项研究证实了这种关系(见 Stamm, 1985 中期综述;Mersey, 2010 近期综述)。研究人员以不同方式定义了社区纽带,包括参与和政治知识、属于的公民团体和家族史等(Lowrey et al., 2008)。有些人用“社会资本”一词代替了“社区纽带”,来考察新闻消费是否以及在多大程度上促进了社会资本创造(Putnam, 2000; Richards,

2012)。他们对新闻的定义也有所不同,例如,区分了电视消费和报纸阅读(Jeffres et al., 1988)。研究者一直无法证明是新闻消费促进了社区联系,还是相反。但是他们已经证明了两者之间的相关性。如果个人习惯性地消费新闻,则他更有可能具有渊博的政治知识和更为投入的公民参与意识。简而言之:更多新闻=更强大的社区(反之亦然)。

尽管社区新闻的理想受到了广泛的关注,但与关注事实真相相比,社区新闻的实践从未在该场域获得广泛关注。之所以这样,是出于两个原因。首先,社区新闻
(相对于国家导向的新闻)倾向于关注八卦,而不是严肃 117
(解读为政府)问题。例如,帕克(Park, 1922)评论移民报刊时说,它主要包含八卦,很少有真正的想法(p. 70)。杜威也承认,有关"犯罪、事故、家庭纠纷、个人冲突和矛盾"的报道充斥着每天的报纸。他写道,这一事实使得"真正的社会科学(有可能)在日常新闻中展示现实的说法听起来很荒谬"(p. 180)。为什么社区报纸特别容易出现无聊的新闻?部分原因与受众有关。正如帕克所观察到的,人们喜欢听八卦,特别是关于他们邻居的八卦(另见Shibutai, 1966)。另一部分原因与新闻机构是营利性企业有关。毕竟,准确地向受众提供他们喜欢的内容,而不一定是他们需要的内容,才符合新闻机构的经济利益(Bagdikian, 1983; Baker, 2002)。而且,这样做更便宜,要求的专业技能更少。不管是什么原因,记者们倾向于优待严肃的国家导向的硬新闻,而不是社区报纸上的更具娱乐性的社区导向的软新闻。

社区新闻在该场域不那么突出的另一个原因与政治权力有关。杜威、帕克和其他早期观察家们都注意到,社区报纸的编辑和出版商都是其社区中的显赫人物。这些人与所在社区的主要企业以及政治和公民领袖都有个人和职业上的关系。因此,当他们的报纸确实发布了更为严肃的新闻时,往往倾向于以社区中最有权势的成员的观点为框架;倾向于优先发表共识而非冲突,即倾向于表达占主导地位的社区价值观,并且在这种情形下,它倾向于忽略实力较弱的社区成员的观点、利益和需求。贾诺维茨在二十世纪五十年代撰写的关于芝加哥社区报纸的著作中指出,"社区报纸作为一种机制,旨在通过强调共同的价值观而不是解决相互冲突的价值观来保持共识"(p. 60)。其他人已证实,面向社区的新闻倾向于共识而
118 非冲突(Tichenor et al., 1980)。

随着时间的推移,这些事实给该场域的许多人造成一种感觉,即面向社区的新闻不如面向国家的新闻专业。首先,人们认为写"软性"新闻需要较少的技能。入门级记者通常在面向社区的小镇报纸获得第一份工作,或比较少见的情况下在较大的区域性报纸的社区版块担任记者。正是在这里,他们学到了新闻的基础知识,他们希望从这里升迁至更严肃、更有声望的报纸或者报道领域。其次,它以记者们觉得不舒服的方式将其牵连到他们所报道的社区中。以社区为导向的新闻被视为过度受主观价值的影响,甚至被认为是那些主导性政治、经济和价值结构的"助推器"或啦啦队(Kaniss, 1991)。

许多记者不同意(并继续不同意)这些评估,但这些

说法已经深入人心。因此，关于社区新闻的日常意识和俗语——参与和公民意识、公共知识和社区行动、可持续和发展——仍然是新闻想象力中重要但次要的一部分。

新闻应当促进商议会话

在托克维尔对民主社群的思考以及杜威对伟大共同体的兴趣中，都暗含着政治交谈的问题。现代社会比传统社会更庞大、更复杂，现代人彼此之间更加孤立和自主。然而，在一个民主国家，我们认为公民(应该)参与集体决策，这一定意味着，在某种程度上，他们有机会彼此交谈。但是这些会话应该如何发生呢？为什么公民会被激励去和他们不认识的人接触，去解决看似无法解决的问题？谁来为这些谈话提供便利？以及他们将如何从面对面的讨论扩展到社会讨论？

从二十世纪六十年代的论著开始，于尔根·哈贝马
斯(Jurgen Habermas，1989，1996)对这些问题给予了新 119
的关注。毫不夸张地说，他的工作促进了整个研究领域的发展。在最初的研究中，哈贝马斯考察了早期的现代资产阶级公共领域。哈贝马斯认为，正是在这里，早期现代欧洲人发明了新的“公共领域的诸种机制”。沙龙、咖啡馆、酒馆和报纸这些机制促成了一种特殊的谈话形式：会话、讨论和辩论。借用康德的理论，哈贝马斯有时称这种谈话为“理性之公共运用”；在他的现代社会理论中，他也称其为“交往理性”。其他人则更简单地称其为“公共商议”。哈贝马斯认为，公共商议取决于在公共领域中运

行良好的公共机制,公共领域是指一个面向国家的市民社会领域(关于公共领域的其他模式,参见 Ferree et al., 2002)。

哈贝马斯关于资产阶级公共领域崛起的故事已经在其他地方得到了很好的总结(Calhoun, 1992 等)。但是,概括地说,故事是这样的:在中世纪,公共性在欧洲只不过是代表性的,即君主政权是公众的化身(或代表)。君主到哪里去,公众也到哪里去。这种情况在十七和十八世纪开始发生变化,这个时期商业活动的增加使新的中产阶级或资产阶级社会得以形成。这个社会阶层的人相对独立于国家、更加见多识广和有文化,他们开始在沙龙、咖啡馆、酒馆、剧院等新的社会空间以及报纸上互动。哈贝马斯认为,这些"公共机制"形成了一个单独的"公共领域",一个介于国家和市场之间的社会空间。在这些空间中,资产阶级公民创造了一种新型社会交往,一种结合了平等、包容和理性、辩论的交往形式。这种互动模式,我们可以称之为公共商议,最初在艺术、科学(Ezrahi, 1990)和宗教(Zaret, 2000)领域建立,最终转移到了政治世界。在这种情况下,发生在公共领域的政治交谈成为国家的一种引导机制。简而言之,正是通过公共领域,早
120 期的现代公民解决了现代社会如何进行民主对话的难题。

哈贝马斯在其书中第二部分,详细描述了十九世纪资产阶级公共领域的衰落,主要是由于市场和行政国家的崛起。大众媒体在这个故事中扮演着中心角色。对哈贝马斯来说,商业化大众媒体并不能作为公共辩论的论

坛。相反，他们把话语打包为程式（比如导语段落，或者平衡的新闻报道）。此外，决策者利用这些程式，将自己的观点强加于相对被动的、消费主义的公众。在此过程中，公共空间内不再有争论。取而代之的是，它们仅仅被代表，就像在中世纪一样，公众已经沦落到公共生活的边缘。在这种情况下，理性之公共运用已经消散，公共领域只不过是"进行政治和经济宣传的工具"(p. 175)。

哈贝马斯是在二十世纪六十年代初提出这一论点的，但直到1989年，这本书才以英语出版。它立刻引发了学者们的爆炸性反应。单单《媒体、文化与社会》这一本期刊，在1990年至2000年的十年间，发表了近60篇关于公共领域的文章，并且迄今为止已经发表了近350篇与之相关的文章(Lunt and Livingstone, 2013, 87)！这些研究很少从表面上来理解哈贝马斯的思想。哈贝马斯的批评者抱怨说，他把早期的资产阶级公共领域错误地描述为过度理性与空洞(Baker, 1990; Eley, 1994; Ryan, 1990)。他们认为，即使在资产阶级公共领域的鼎盛时期，情感和理性对于公共话语也是同等重要的。他们观察到，哈贝马斯对理性讨论的描述更倾向于白人、男性的话语形式(Young, 1990)。他们进而指出，从来就不是只有一个公共领域，而是有很多个(Fraser, 1990)。包括工人阶级、妇女和有色人种在内的从属群体，创造了许多华纳(Warner, 2002)所称的"反公众"，以直接对抗公共话语的主导模式(另见 Negt and Kluge, 1993)。

在后来的著作中，哈贝马斯(1996)将许多批评纳入了他的公共领域模型。然而，他对商议型交谈概念的理 *121*

解始终一致。对他而言,商议交谈要求每个人都有机会参与会话(平等标准)。它要求传播的信息应当体现一个社区中观点的多样性(多样性标准)。最重要的是,公共会话应以理性之运用为基础(商议标准)。哈贝马斯认为,公共会话要求人们为其观点提供理由,这些理由应该旨在说服他人同意那个观点;反过来,听众应将他人的理由纳入自己的观点(对等标准);最后,商议型会话应成为行使立法权(政治标准)的指导机制。即使在今天,这些理想条件依然构成规范性基准,观察者们据此评估实际存在的媒介体制的民主表现。正如哈贝马斯(1996)所说,“这些原则表达了一个简单的想法:大众媒体应当把自己理解为开明公众的委托人,对公众的学习意愿和批评能力同时做出预设、要求与强化。”(p. 378)。

哈贝马斯理论的影响力源于多方面的因素。部分原因是,他的模型建立在对于市民社会在公共生活中的作用的长期思考之上(Somers, 1995)。部分原因是时机问题。哈贝马斯作品的英译本出现在欧洲和美国对市场进一步侵入公共生活日益担忧之际。例如在欧洲,哈贝马斯的学说帮助学者们思考公共服务广播在放松管制时代的命运(Born, 2003; Curran, 1991; Dawes, 2014; Garnham, 1993; Keane, 1991; Lunt and Livingstone, 2013; Scannell, 1989)。柏林墙倒塌后,哈贝马斯关于公共领域的论述也为思考媒体如何为前社会主义国家重建公共生活做出贡献开辟了空间。在美国,至少在过去的十年中,观察者们一直在担心新闻业的“商业化”(McManus, 1994; Underwood, 1993)。哈贝马斯的论著为许多批评提供了框架(Hallin, 1994)。后来在二十一世纪初,在欧洲,人们对公共领域的兴趣转向了建立跨国性欧洲公共领域的前景(Fossum and Schlesinger, 2007; Risse, 2010; Koopmans and Statham, 2010)。哈贝马斯的论著 122
使公共领域一直居于有关媒体与民主关系的对话的中心。

今天,新闻业应为充满活力的公共领域做出贡献这一观念已被广泛接受(Ettema, 2007; Dahlgren and Sparks, 1991; McNair, 2000)。无论是研究新闻对美国还是对欧洲公共领域的贡献,大多数学者都只是假设这个领域能够而且应该存在(Nitoiu, 2013)。毕竟,这个观念似乎是常识。民主需要集体决策,表面上,这些决策应建立在理性之公共使用的基础上,这些理由应为所有人所了解。新闻(更广泛地说,媒体)是唯一满足这些标准的能够充当公共辩论论坛的机制。

尽管有广泛的追随者,但经验文献对这种共识并不友好。新闻业**应当**为公共领域做出贡献也许是一种普遍信念,但许多研究证实,现实是,在大多数情况下,新闻业做不到这一点——至少用包容、平等、参与、对等和说理等指标来衡量时是这样。例如,想想已有的关于欧洲公共领域可能性的文献。一项又一项的研究表明,大多数国家媒体在定位上都是坚定的民族主义者(如 Preston, 2009; Schlesinger, 1999)。换句话说,它们很少报道跨国问题,因此有违包容性标准。当欧洲范围的问题确实出现在报纸页面上时,记者往往依赖精英信源来撰写新闻,这违反了参与标准(Risse, 2010; Schlesinger,

1999)。一些观察家注意到,近年来出现了《欧洲新闻》等跨国媒体(Brüggemann and Schulz Forberg, 2009; Garcia Blanco and Cushion, 2010)。这些媒体可能预示着泛欧身份的到来(Olausson, 2010)。但是,迄今为止,这些媒体只吸引了相对较少的精英受众(再次违反了包容性和参与性规范)。简言之,根据现有证据,欧洲新闻
123 业尚未对欧洲公共领域的形成做出很大贡献。

美国新闻业也有类似的情形。帕特森(Patterson, 1992)指出,在报道政治竞选时,记者们大多关注角逐输赢,这是一种违反公共理性标准的报道。学者们尤其批评电视(Capella and Jamieson, 1997; Hallin, 1994; Iyengar, 1994; Iyengar and Kinder, 1989; Moy and Gastil, 2006)。电视新闻框架不仅妨碍观众深入了解政治,还降低了其整体的政治参与度。也就是说,民众看电视新闻越多,参与公共生活的可能性就越低。按照这些标准,报纸新闻做得相对好一些。读报的人更有可能参与公共生活,并且对政治也更加了解。但是,像电视新闻一样,报纸新闻的每日撒料倾向于提供对政治世界的碎片化、耸人听闻和个性化的看法。这会妨碍公共商议(Bennett, 1983)。由于我们在其他地方已经讨论过的原因,新闻业也给予精英观点优待,这一事实限制了公共领域中观点的多样性(Entman, 1989; Page, 1996)。

简而言之,如果哈贝马斯的公共领域概念是一个衡量基准,似乎新闻业在很大程度上未能履行其民主义务(Jacobs and Townsley, 2011)。对某些批评家(Zelizer, 2012)而言,现状**是**怎样和**应当是**怎样之间的明显差距暗

示着也许我们应该重新构想这个衡量基准。换句话说，也许我们应该从公共商议和公共领域之外的角度来看待新闻。泽利泽(Zelizer, 2012)正是这样认为的，并将该意识和话语的强韧性归咎于一种“关于虚拟行为的西方式普世标准”(p. 468)。然而，尽管存在这些抗议和经验证据，有关公共领域的意识和话语已经深入人心。尤其是在学者当中，商议和说理、平等和参与仍然是想象新闻业应当什么样或可能成为什么样的重要概念。

记者们自己也更加模棱两可。在二十世纪八九十年代，一场受公共商议理想启发而来的运动，也被称为公共或公民新闻，在该场域兴起。它主要在中小型日报上找 124
到了归宿，而且主要出现在美国。但是到了2002年已有600多项公共新闻实验被启动(Friedland and Nichols, 2002)，并且这些实验多发生在较大的新闻机构，以及欧洲和拉丁美洲。通过调查当时的情况，舒德森(Schudson, 1999)称公共新闻是“这代人对新闻业内部新闻实践最深刻的批判”(p. 118)。

松散协调和遍及许多新闻编辑部的公共记者从未针对其领域形成一个统一的替代性愿景，这并不奇怪。然而可以说，大多数实验都有一个共同的首要目标，那就是促进更多的公共商议(Haas, 2007, Chap. 2)。例如，明尼阿波利斯的《明星论坛报》发起了一系列“明尼苏达谈话”圆桌会议，公民在其中参与有关公共问题的小组对话。同样，《威斯康星州报》与威斯康星州公共广播电台和电视台合作举办了一次“我们人民”的活动，请公民参与电视转播的协商。总的来说，弗里德兰和尼科尔斯

(Friedland and Nichols, 2002)编录的600项实验中,有一半以上包含了公共商议的成分。

这项活动表明,公共领域的日常意识和俗语在该场域广泛流行。然而,正如其他记者对公共新闻的反应所表明的那样,其流行程度是有限的。几乎是在第一时间,公共新闻在该场域内受到了广泛的批评(Haas, 2007, Chap. 4)。许多记者对公共新闻的从业者们近乎宗教般的热情感到不安。他们指责公共新闻记者是“真正的信徒”,为新闻“宣扬拯救的福音”。这与长期以来的观念形成了鲜明对比,即优秀的记者首先应当客观、独立和超然。

更多的人对公共新闻业面向市场的做法感到不安。批评者认为,公共记者们如此关注**谈话**,并没有认识到商业主义是“好新闻”的根本威胁。按照这种观点,公共记
125 者没有足够有力地抵制市场,也没有足够坚定地抵制市场的干扰。其他批评者指责公共新闻本身就是一种营销手段。正如哈斯(Haas, 2007)所说,“对许多记者来说,公共新闻不仅可能服务于媒体所有者和广告商的发行和利益,事实上,它是管理层为推进商业考量而有意采取的一种公司战略”(p. 70)。他们的证据是什么?批评者们指出,事实是,公共记者更关注受众而不是国家机构,正如编辑部经营部门的财务所希望的那样。此外,受公共记者们青睐的对话论坛带有焦点小组的味道。优秀的记者不必问观众他们在新闻中想要或者需要什么。作为专业人士,他们知道什么是好的新闻,而且无论观众的需求如何,他们都会坚持去做。许多编辑和出版商支持公共

新闻，这一事实本身就足以令许多记者对其产生敌意。这些证据都不是确凿的，但它们足以扼杀这场运动。到二十一世纪初，无论出于何种意图和目的，公共新闻都已经消亡了（Nip，2006）。曾经支持它的基金会已经罢手去做了别的，就像曾经探讨过它的学者们一样。记者中的公共新闻领袖要么死了，要么被赶出了该场域。

公共新闻的兴起显示了公共领域的日常意识和俗语已经对该场域产生了影响。但它的消亡表明，记者们对这些理想的态度比学者们更加模棱两可。公共新闻的兴衰说明了另外一点：记者对任何带有商业主义色彩的东西都怀有敌意。在新闻场域内，反对一种新做法的最简单的方式就是说它怀有商业动机。这种警惕早在二十世纪初该场域形成时就开始了。最后，让我们把这一观察结果放置在关于新闻想象力的更广阔的背景下。

记者应该做什么？

我们从一个思考实验开始本次练习。再次把你自己放在记者－企业家的位置。你想从事新闻工作，但人们只能做自己能够想象到的事情。那么你能想象到的被认作记者的工作是什么呢？ 126

当我们思考这个问题的答案时，会想到一个显而易见的结论：讲真话是新闻想象中最长久、最明显和最具激励性的陈述。沃尔特·李普曼所提出的“在新闻工作中，没有比报道真相更高的法则”在该场域被广泛接受。举一个例子：当科瓦赫和罗森斯蒂尔（Kovach and

Rosenstiel, 2001)在记者中展开调查,以便更好地理解新闻业的主要“要素”时,百分之百(!)的受访者说,记者应该“讲述真相”。两位作者把这点用作他们书中第一章的主题。

共同体建设尽管不如讲真话突出,但仍在新闻业的视野范围内。在美国,这一点在小镇新闻中最为明显。这些出版物通常更加专注于推动社区发展,而不是揭露国家行为。这一理念在如泰国或巴西等一些发展中国家实行的“发展新闻”中也有所体现。通常,当采用公共领域(或政治社会)来定义时,共同体建设的日常意识最为明显。正是在这里,共同体建设与国家联系在了一起,它激发了更多记者的工作活力,并在场域内赢得了更多声望。但共同体建设对记者们的激励作用远不如讲述真相。

顺便说一句,这并不是说共同体建设与讲述真相相抵触,或者说,在现实中它们没有相互融合。在讲真话的同时建设共同体是可能的。但是可以说,作为理想,两者并不相同。它们对你自己、你的工作和你所服务的公众都意味着不同的取向。举个例子,一个追求真相的记者会努力争取超然。如果真相是目标,那就不能太亲近自己的信源或受众。相反,一个面向社区的记者必然会依恋他所服务的社区。他关心其社区所关心。无论是否涉
127 及向政府问责,社区记者都会做对社区最有利的事。当记者们将不同的日常意识和俗语相结合时,他们必须解决这些交错的压力。

推广公共领域的价值观时可能感受到这些压力。这

一日常意识和话语将记者们导向政治,使他们接近国家事务和讲真话的价值观。然而,作为共同体建设的一项内容,公共领域将把记者置于公民社会中,置于公民之中,使他们以共同体建设的价值观为导向。在讲真话的模式下,记者们发掘出真相,加以传播,便认为这项工作完成得很好。对于致力于公共领域的记者们来说,情况却并非如此。他们认为自己有责任确保公民谈论由真相引发的问题。他们可能再进一步,去促成这些对话,引导社区做出集体决策。随之而来的推拉牵扯可能会引起摩擦,围绕公共新闻的争议即是证明。

第二个观察结果是:新闻对于讲述真相的倾向投影在该场域对国家的关注上(见图 3.1)。并不是说市民社会、政治社会和市场不在该场域的视野之内,只是它们对于该场域的总体关注而言微不足道,特别是与国家相比。当记者们努力讲述真相时,国家在他们的想象中显得越发突出,原因有两点。首先,正如李普曼在将近一百年前 128
所认识到的那样,记者在寻找真相时必须求助于国家机构。例如,除了法院和警察局之外,记者还能到哪里去核实犯罪事实呢?新闻的真相讲述是一项制度性的活动,大多数相关机构都在国家内部(Graves, 2016)。其次,当记者们想象在讲述真相时,他们通常是在国家或政治权力的背景下这样做的。想想几十年来在该场域流传的一些现在已经成为陈词滥调的观念。新闻“对权力说出真相”,它“折磨安逸者,安慰痛苦者”,它“在黑暗处发光”。它们成为陈词滥调,是因为它们如此普遍。新闻业内的最高理想是让政府负起责任,这在该场域内意味着揭示出关于政府所做、正在做或希望做什么的真相。在该场域内,没什么能比这种做法享有更高的声望。

图 3.1 新闻业的总体关注

这就引出了我们的第三个观察:市场在该场域的集体想象中扮演着一个特殊的角色。一般来说,市场处于该场域关注的边缘。很少有记者是为了钱而来的。同时,市场在该场域是被不断谈论的话题,但它所扮演的角色因社会和环境而变化。在英美,有时会采用基于市场的说辞来庇护新闻业免受国家干预。例如,2009 年,当时任参议员约翰·克里(John Kerry)就新闻业的未来举行听证会时,其委员会公开考虑对新闻界给予公共补贴。许多记者对这一想法避之不及,宁愿保护私有制不受国家干预。但是,更一般地说,可以说市场常常扮演着"好新闻"的陪衬或对手的角色。市场总是在背景处提供必要的对比,以使首选价值(如讲述真相)更加明显。

围绕公共新闻的争论就是这种现象的一个例子。另一个是在有关媒体监管的讨论中积累起来的政策文献。几十年来,决策者和其他人士一直在争论如何制定政策以激励甚至直接要求新闻业奉持其民主承诺(Baker，2002；Freedman，2008；Lunt and Livingstone，2013； 129
Sunstein，1995)。看看这部分文献是如何被架构的。在英国，尼古拉斯·加纳姆(Nicholas Garnham，1983)在二十世纪八十年代初写了一篇题为《公共服务与市场》(Calrns，1993)的文章，由此设定了辩论的条件。自那以后，英国学者们一直在争论市场在多大程度上(而不是是否)破坏了英国充满活力的公共领域(Lunt and Livingstone，2013)。同样，在美国，对于保护新闻业不受市场影响的必要性，存在着长久的思考。例如，贝克(Baker，1994)建议对《第一修正案》的新闻条款进行宽松的解释，从而允许政府进行更强有力的干预。比如关于增加媒体所有者的多样性。桑斯坦(Sunstein，1995)认为，对公共领域进行纯粹的基于市场的解释如果不是违反了第一修正案的字面意义，则是违反了其精神。在这些对话中，市场通常被视为良好公共政策的衬托。确实，学者们近年来对市场的攻击已有所缓和和复杂化(Dawes，2014；Hesmondhalgh and Toynbee，2008)，但总的观点没有变。即使在今天，学者们也倾向于将新自由主义(或市场逻辑)与公共领域的需求相对立(Harrison and Woods，2001)。

这些例子表明，市场在新闻业的集体想象中扮演着复杂的角色。有时，特别是在英美，它被动员起来反对国家的单方推断。更常见的是，市场常被用来作为提出该场域其他理想的必要背景。记者们辩称，只有允许他们在不受商业规则干扰的情况下工作，才可能讲真话。同样，支持社区新闻的论点也常常与基于市场的原则背道而驰。

这一点为我们提供了转入下一章的纽带。正如我们所了解到的,现代新闻业是建立在几代新闻工作者的集体想象的基础上的。我们讨论过的“论证剧目”激发了这种想象。它们激励和启发,告知并促进。市场也是如此,被描述为一种持续存在的威胁,正如其他更为积极的理念一样,市场始终鼓舞和激励着记者们。所有这些日常
130 意识和话语都成为记者用来化理想为现实的象征性内容的一部分。因此,布卢姆勒和库申(Blumler and Cushion, 2013)不必担心规范理论在新闻业或新闻学研究中正在被边缘化。

然而,当条件改变时,并且一个关键性的日常意识和话语不再产生共鸣时,会发生什么呢?这可以作为一种方式,用来描述随着数字新闻业的出现而发生的情况。简而言之,还没有人找到一种数字新闻的商业模式,至少能够用来支持印刷世界相当规模的新闻编辑部(Levy and Nielsen, 2010)。这一事实在该场域引起了前所未有的痛苦。在美国,新闻机构倒闭,成千上万的记者失业。这种形势在其他地方并不那么严峻,但是整个欧洲的记者也感到他们的领域处于危机之中(Nielsen, 2016a)。这些趋势提出了一个新的问题:当新闻业的长期陪衬消失后会发生什么?世世代代的记者们通过对抗过度商业化的力量而激发了他们的想象力,然而今天,正是商业主义的丧失对该场域构成了生存威胁。记者们在如何应对这种逆转?

这是第四章的主题。

第四章 新闻与变化

根据阅读对象的不同,当今的新闻业正在被打乱(Nieman Reports, 2012)、重建(Anderson, 2013)、修复(Downie and Schudson, 2010)、重新思考(Peters and Broersma, 2013)。每个人都同意它正在经历改变(Anderson et al., 2012),而对这意味着什么则几乎没有共识。是新闻业的全部在改变,还是仅仅是它的经营方式在变化?是什么导致了新闻业的变化?技术?经济因素?政治?改变是从何时开始的?二十世纪九十年代?六十年代?还是更早?一些观察者认为,新闻业即将终结(Charles and Stewart, 2011)。麦克切斯尼和皮卡德(McChesney and Picard, 2011)问道,"最后一位记者会不会把灯关掉?"其他人同意唐尼和舒德森(Downie an Schudson, 2010)的观点,认为"新闻业的未来机会丰富"。今天在该场域,没有一个话题比变革更能引起人们的关注,也没有哪个话题能引起更多的困惑和分歧。

在这一章中,我们把有关变化的问题放在前几章中关于新闻与公共生活之间关系的所有知识的背景下。这样做并不会解决目前的争论中所提出的所有问题,但会使一些核心问题更加清晰。其中一个问题与这个词的定义有关。确切地说,新闻业或其某些方面**正在发生变化**是什么意思?第二个主题与时间有关。不同的变化可能沿着不同的时间线发生(有些短,有些长)。此外,这些变
132 化可能是由场域内外不同的力量造成的。第三个主题与空间有关。不仅不同的变化可能发生于不同的时间,而且变化在不同地域之间也可能有不同的意义。例如,同样的变化在斯堪的纳维亚国家可能与在英美意义不同;在拉丁美洲可能与在亚洲不同。当我们说新闻业正在经历“颠覆”或“革命”,或者正在被“重新思考”时,我们应当谨慎地指出我们认为这是在**哪里**发生的。最后一个主题与持久性有关。当我们深入研究这些问题时,很明显新闻业的许多方面并没有改变。如果我们无法解释新闻的关键要素如何以及为何保持持久不变,我们就不能很好地理解变化。

当我们思考新闻业的变化时,这些成了我们的主题。在接下来的内容中,我们将浏览有关新闻与变革的持续对话,并专注于上述主题。由于我们将用到在前面章节中开发的工具和概念来完成这项工作,让我们从一个简要的回顾开始。

回　顾

在前面几章中,我们了解到,现代新闻业首先在美国,后来在西方其他地区扩张为一个职业领域。它产生

于国家、市场和新兴行业之间的紧张关系所造成的摩擦。为了方便起见，我在此复制了图 2.3（为了保持连贯性，我将其标记为图 4.1）。正如此图所显示的，这三种力量对于新闻业的兴起都是重要的，但它们之间的**关系**至关重要。我用帐篷的比喻来说明这个过程。就像帐篷的支杆互相推拉时帐篷会膨起一样，新闻业在国家、市场和行业的推拉中得以扩张。新闻的独特属性（即超然、独立、真实、倒金字塔式的写作风格）是记者用来管理其复杂存在的方式，由其信源（主要是公职人员）拉向一个方向，由市场需要拉向一个方向，又由他们的专业需求拉向另一个方向。

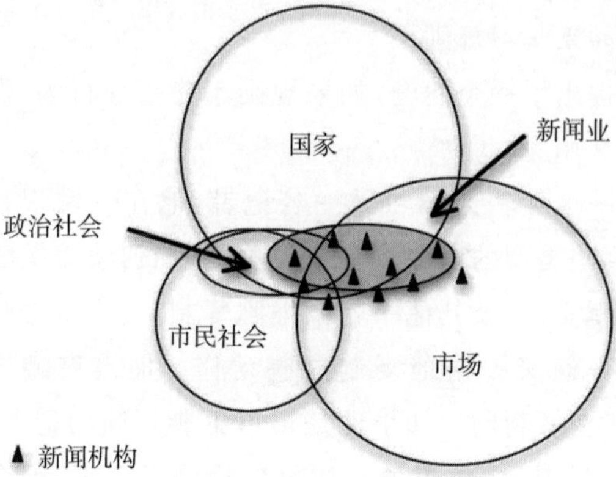

图 4.1　美国的新闻场域 133

在新兴的场域里，新闻工作变得越发井井有条。它形成了偏好的身份、价值观和行为模式。走进任何一个新闻编辑部，你都会发现记者们以或多或少有条理、一致的方式生产新闻。为了生产一个报道,他们先做这个,再做那个,再做其他。我们把这些模式称为制度化规则,正是这些规则使新闻业区别于其他社会场域,如做律师、做演讲或维持社区治安。重要的是,新闻规则没有被编纂、商定和形式化。当然,教科书是存在的,但它们充满了例子,而不是正式的规则。这主要是因为规则的任何特定解释都不能说明每种情况。这样的规则不足以应付记者们供职于其中的这个混乱的世界。因此,记者们只能通过示例来学习规则。也就是说,向他们展示如何执行一项操作,例如,如何收集事实,或者如何编写新闻导语,然后要求他们从这些示例中举一反三学到其他情况。从这个意义上说,新闻规则并不先于行动。相反,记者们只能通过做新闻来学习规则。

134 这就提出了一个问题:如果规则不能指导行为,那规则还有什么用呢?

假设一个年轻人学习做一名记者:他在一家报社工作,学习哪些类型的事件具有新闻价值,如何收集关于这些事件的事实,以及其他。就像细胞复制一样,这个记者每天都会一遍又一遍地复制这些动作。他没有遵守规则,他只是在做新闻。如果他是报道犯罪新闻的记者,他会生产“今日谋杀”的报道。如果他是法庭记者,他会撰写有关最近审判的报道。就像细胞复制一样,他偶尔也会犯错。“错误”这个词可能太重——我的意思是,他可能会做一些与众不同或不合常规的事情。例如,他可能没收集到足够的事实或收集了错误信息。注意,犯下的错误更多的是“做一些其他记者可能不同意或不理解的事情”。他可能不知道自己犯了错,直到有人要求他对自己的行为负责。

新闻规则是对这一要求的自然反应。假如有人质疑我们的记者收集到的事实,“这些都不是事实,”这个人可能会说。“它们不过是意见而已!”这名记者可能会这样回答:“我收集到的信息是事实,因为它已经被多个正当来源所证实。”这是新闻工作的一条规则:“事实”是指被权威信源证实的一些信息。这样的规则使新闻变得合乎情理,或者换一种说法,记者为解释其做法而发展起来的“论证剧目”使新闻工作被认可。

最常见的情况是,一名记者被要求说明他是如何报道新闻的:他是否找到了正确的消息来源?他是否在持不同意见的信源之间保持了平衡?他是否将关键事实引据到适当的来源?对这类行为的挑战引出了我们所谓的**规定性**规则:关于如何做新闻的规则。如果有人质疑他文章中某一项内容的真实性,我们的记者会使用关于记者通常如何收集事实的规则来予以回应:“我在这个地方核对过事实,并以这种方式写下来。”这样做很常见。编 135
辑、其他记者和读者总是要求记者解释他们的新闻决定。你为什么这样写导语?你为什么把这些信息放在首位?你为什么使用这个来源?

更罕见地,记者会遇到更基本的质疑。读者可能会问的不是“你为什么要收集这些事实”,而是“你究竟为什么要收集事实”,这样的质疑要求记者考虑的不是如何做新闻,而是新闻到底是什么。当然,对于这样一个问题的正确回应是,记者要收集有关事件的事实,句号。在这

136 里,我们看到一种不同类型的规则,**构成性**规则。构成规则不会告诉我们如何去做某事,相反,它们定义了某事是什么。新闻是人们收集事实的活动。每当我们遇到记者们使用这种“是”什么的表述时(新闻“是”这个或那个),我们便知道在此涉及了关于什么才算新闻的构成性规则。

我们可能会问,记者如何知道新闻是一种人们收集事实的活动,唯一好的回答是“因为他们说是这样”。我所说的“他们”是指普遍认可新闻活动的这个共同体的成员。这些人认可记者收集并且应该收集事实。他们在这种共识中达成了定义。在这里,我们看到新闻规则最终只不过是在一个理解的共同体中关于事物如何或应该如何的主体间协议。维特根斯坦(Wittgenstein, 1958, p. 241)称这种共识为一种生活形式。“所以你是说人类的共识决定了什么是真什么是假?”他的对话者问。他回应说:“它就是人类对什么是真什么是假的说法,并且他们对所用的语言意见一致。其实这不是意见上的一致,而是生活形式上的一致。”如果真有人问我们的记者为什么要收集事实来写新闻,他的回应可能终止于“新闻需要收集事实”。如果再进一步问,他只会重复“这就是新闻工作”(这意味着“这就是我的工作”)。

让我们在这里稍事停留,问问为什么记者会同意玩这种解释自己行为的游戏。这对他有什么好处?这是一个关于个人和他们所在的社会场域之间关系的问题。它有两个答案。一个答案是实用的:熟悉游戏规则可以令玩家获胜。赢取什么?他可能会赢得在新闻场域积累起来的象征性（地位、声望）和物质性（金钱）形式的资本。另一个答案纯粹是象征性的。通过学习新闻业内的“论证剧目”，记者可以被他人和自己所认可。他成为一名记者，虽不如金钱甚至声望那么实在，但对社会场域的居民来说，身份具有诱惑和力量。

这些和公共有什么关系？让我们继续前面的例子。假设我们的记者被质疑为什么他要收集事实，他回答说：“新闻是人们收集事实的一项实践。”我们也可以想象他走得更远一些，回应诸如“记者收集事实，以便读者获得正确的信息”之类的话。如果他采取了此举，游戏将继续。“但是为什么人们要有正确的信息呢？”“以便他们能就新闻中讨论的问题形成意见。”“为什么他们需要形成意见？”“以便决策者知道公众希望他们做什么。”“为什么决策者需要知道公众想要什么？”“因为在一个民主国家里，公共政策是，或者应该是以舆论为指导的。”这里我们得到另一个构成性陈述，或者说关于是什么的陈述。民主是一种回应舆论的政治实践，我们已到达最后一个关键点：新闻的构成性规则并不是实践的本体论基础，因为新闻牵涉比其自身更广泛的公共生活的构成性承诺。这就是说新闻是一项公共活动的意思。因为是一项公共活动，新闻的构成规则与更广泛的社会规则交织在一起，这些社会规则涉及公共生活中的事物通常如何或应当如何。对于什么是新闻，以及为什么新闻是这样而不是其他模样的最终诉求，不是针对新闻本身，而是对它所嵌入的公共生活形式的构成性承诺。

这一认识使我们得出最后两点。首先，新闻业“论证剧目”的构成部分地是由其在公共生活中的位置决定的。
137 例如,一个被市场强力拉动的新闻业,将不同于一个感受到市民社会影响的新闻业。了解这一点有助于我们理解跨国差异,以及位于新闻场域不同位置的组织之间的差异。其次,新闻和公共生活之间的联系告诉我们一些有关该场域界限的信息。这些界限在于认可的限度,具体地说,是在可以被辩护并认可为新闻的实践、价值观和身份认同的限度内。当然,这些限制是以公共生活的构成性承诺为终点的。

图绘变化

通过复习,我们现在可以问,新闻业正在发生变化是什么意思。最近主要由于新数字技术的兴起,变化的问题变得更加紧迫。必须认识到,这些技术并非从天而降。相反,它们主要是作为市场的一部分,以手机和平板电脑、台式计算机和无线路由器、网站和应用程序等形式被开发的(见图 4.2)。这样说并不完全准确。例如,政府机构或多或少地发明了互联网,非营利性基金会,尤其是奈特基金会(Knight Foundation),在为新闻业注入更多的技术思维方面起到了重要作用。但这样说大体准确。发明新工具的人主要为科技**公司**工作,这里强调的是公司。当我们考虑记者如何应对其场域遭受的干扰时,这一点对我们讨论的主题将变得很重要。在此,我们只需看到,干扰的力量来自新闻场域之外,而且主要来自市场。

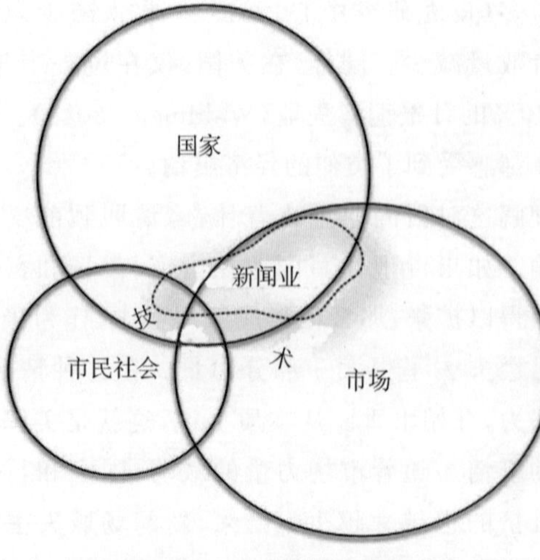

图 4.2 缩减的新闻场域

总体而言，新数字技术对新闻场域产生了两种影响。首先，它们使任何人都有可能制作新闻，并以曾经只有媒体做得到的规模分发这些新闻(Benkler, 2006; Shirky, 2008)。我们现在生活在一个信息饱和的世界，在其中，新闻机构与许多他者竞争，争夺受众的稀缺注意力。其 138
次，传播空间的这种开放性，严重破坏了传统媒体的商业模式。这在美国是最真实的，但各地新闻业都感到了这种转变的影响(Levy and Nielsen, 2010)。新闻的商业模式恰恰取决于注意力的充裕度，也即取决于受众(也就是广告商)除了他们之外没有其他渠道作为新闻和信息的来源。尤其是区域性报纸已经失去了对当地受众关注度的垄断，收入也因此暴跌。在美国，报纸行业的广告收入目前处于二十世纪五十年代的水平，当时美国的经济规模要小得多（皮尤研究中心，2015）。收入减少意味着新闻工作者数量减少。同样，在美国，仅在过去十年里，就有大约30%的日报记者失业（Waldman，2011）。全世界的新闻业都感受到了类似的经济震动。

要理解这对新闻业意味着什么，请回到前文关于帐篷的比喻。如果说现代新闻业在国家、市场和行业之间
139 的推拉中得以扩张，那么在当代新闻业中，作为极点之一的市场已经失去了很大一部分力量。在这种情况下，帐篷失去张力，开始下垂。从本质上说，这就是美国新闻业所发生的事情。随着市场力量的减弱，国家和行业的力量所能推挤的也越来越少。结果，新闻场域失去了完整性。它的边界变得更容易被渗透，能够守卫这些边界的记者也越来越少。

在任何强烈暴露于市场的地方，新闻业都已感受到了这些影响。例如在英国，过去十年中，超过300家地方报纸关闭，而供职于这些报社的记者中一半以上失去了工作（Turvle，2015）。在世界上其他地区，在新闻业没有如此暴露于市场的地方，新闻业的变化并不那么剧烈。最近一项针对美国华盛顿西雅图和法国图卢兹的新闻业的比较研究说明了这种差异（Powers et al.，2016）。近年来，西雅图的报纸发行量下降了近40%，数百个工作岗位流失，一份存在了一百多年的日报最终也关门停业。相反，同一时期图卢兹的报纸发行量有所增加，新闻业工作岗位的流失也很少。在网上，这种差异同样明显。西雅图见证了数十家在线新闻机构的兴起，而图卢兹只出现了两家。是什么造成了这种差异？主要原因是，法国新

闻业受市场力量的影响要小得多，政府补贴也更多。

欧洲其他地区也有类似的情况（Nielsen，2016b）。例如，在斯堪的纳维亚半岛，主流新闻机构正在失去受众，但这似乎与缺乏相关性（尤其是对年轻人）有关，而与该场域的重大技术颠覆关系不大。同样，斯堪的纳维亚的新闻机构也感受到了更大的经济压力，但这与困扰美国新闻业的生存危机完全不同（Hjarvard and Kammer，2015）。比如，他们没有经历过记者就业市场的大幅萎缩。此外，传统媒体机构保留了必要财力去引入新数字 *140*
媒体设备，而不是被其从外部挑战。

在美国和英国等经济震荡最大的地区，可预见的结果随之而来：越来越多不同类型的人和机构在一度被记者独占的社会空间内生产新闻（见图 4.2）。例如，在美国的大多数地区，已经出现了数十甚至数百个纯在线新闻网站（Ryfe et al.，2012）。而在英国，一项普查（Ponford，2015）显示，出现了 550 个极度本地化的新闻网站。对许多观察者来说，这一过程意味着该场域几乎彻底瓦解（Deuze，2007；Hermida，2014；Jarvis，2009；Shirky，2008）。一种流行的说法是，新闻已经成为任何人都能从事的“自然的行为”。

在遭遇这种变局之后，出现了许多新的新闻做法。其中包括作为整合和筛选服务的新闻、公民和专业/业余新闻、作为编码的新闻和品牌新闻。对这些新做法的一种看法是，它们增加了场域内发生的错误数量。我所说的“错误”是指记者所做的一些事情对该场域的其他人来说可能不熟悉，甚至不被认可。因此，记者们可能被要求解释其行为的情况也会增加。问题是，这些错误是否以及在多大程度上构成新闻业的变化，如果是的话，将是什么样的变化。

在回答这些问题之前，我们应该提醒自己，新闻生产实践中的错误总是或多或少地普遍存在。一个无法辩解的错误通常是值得指责的错误。因此，照这些说法来看，变化与错误的区别在于前者产生了一个新的辩护理由。记者们总是在寻找实现常规目的的新方法。换句话说，他们总是在犯错误。当一个模式的错误倍增到促生出一个新的辩护理由的时候，变化就会发生。新的辩护理由
141 在场域内创造了新的意义和新的关系。它们改变了记者之间，以及记者与他人之间的状况。在该场域中，人与人之间状况的改变构成了变化。

把对变化的讨论集中在合理性上而不是行动上，这符合我们的普遍观念，即新闻规则整体一致地反映了我们关于现实状况或理想状况的主体间共识。它还有更多功能。它让我们看到不同种类或规模的变化是可能的。如我们所了解到的，合理性辩护往往有两种类型：一种是诉诸关于如何做某事的规定性规则，另一种是诉诸关于某事是什么的构成性规则。这些代表着不同种类的变化。举个例子可以帮助我们看出区别。

考虑一下在数字环境里怎么做核查。“这个，这个，然后这个”的核实方法在新闻业早已确立。例如，记者除了为新闻报道收集重要事实之外，还必须向多个权威来源确认该事实；准确地、在上下文当中引用来源，并对在何处以及如何获得事实方面保持透明。他必须在报道发

表之前完成所有这些操作。不同记者可能以不完全相同的方式执行这些操作(Shapiro et al., 2013)。但每个记者都知道这些规则,违反这些规则可能会导致要求解释自己的行为:你为什么不向多个消息来源核实?!

美国有线电视新闻网(CNN)进行的实况电视报道在二十世纪九十年代初就已开始大力推行这些传统的核查方式。但数字环境——博客、脸书、推特等——大大加剧了紧张局势。在这些论坛上,各种信息自由传播,且上传迅速,会立即脱离其原始来源(Hermida, 2015)。因此,数字环境对传统的核查实践提出了一个严峻的问题:当记者通过他们"这个、那个和这个"的过程核查在这些论坛上发出的信息时,对话可能已经转移到下个话题。但如果他们在发表前不花时间核实,那么其行为将与参与会话的其他人没有任何不同。也就是说,他们不再像记 142
者一样行事。记者们发现这是一个困难的处境,然而这也是他们在数字环境中经常面临的问题。

对于这种情况,记者们有各种各样的反应。有人断然拒绝通过数字媒体发布的信息,除非能用传统方式对其加以核实(Kovach, 2005)。拒绝这些新做法的记者基本上坚持认为它们缺少辩护理由。在他们看来,那些新做法不算新闻工作,也不应该是新闻工作。

其他人则接受了那些新做法。例如,一些记者先发表然后再进行核实(Bruno, 2011)。这样做也就是在获知信息时将其发布,标记为未核实,然后随着事件的进展进行更新。另一种方法是新闻机构组建记者团队,专门致力于在数字信息发布前对其进行核实(Newman,

2009)。还有一些新闻机构将核查工作外包给搜视(Storyful)等第三方组织(Silverman, 2011)。一些人对发明新的数字工具抱有希望,这些工具能够自动筛选和核实通过社交媒体传播的信息(Diakopoulous et al., 2012; Schifferes et al., 2014)。在某种程度上,它们偏离了传统核查过程中"这个、那个、然后这个"的程序,可以说,这些新做法可能代表着新闻业的改变。但是是什么样的变化呢?

如果我们回到辩护的领域,我们会找到这个问题的两种答案。一种主张有限的改变,另一种则指向更根本性的变革。

第一种是让记者采用新的做法,但要以传统的方式证明其合理性。例如,在审阅了 17 家新闻机构采用的社交媒体政策后,美国新闻编辑协会(ASNE)发布了指南:"社交媒体的 10 个最佳实践:对新闻机构有帮助的指南"(Holman, 2011)。其中头号最佳做法是:"传统的伦理准则仍然适用于网络。"除了别的之外,这意味着记者应当"于其他媒体进行报道之前,先核实社交网站上的所有内容"。在这里,新做法从旧的角度讲是有意义的。该指南
143 建议,众包核查过程完全可以,但记者仍应核实这些信息,并在向受众传播之前加以核实。这是一种变化。但是,这一变化仅限于实践的层面,它最终再次确认了新闻的一个更基本、更为构成性的定义,即新闻是一种**在信息公布前**进行核实的实践。

经验文献表明,至少到目前为止,这正是大多数新的数字实践的情况。对记者的观察和采访以及对新闻实践

的内容分析证实，大多数专业人士通过存在已久的辩护理由来理解新的数字工具（Boczkowski，2004；Chung，2007；Domingo，2008；Ryfe，2012；Singer，2004）。或者，正如奥沙利文和海诺宁（O'Sullivan and Heinonen，2008）总结的那样，数字新闻的特点是"旧价值观，新媒体"。

第二种变化更为根本。许多观察者认为，新的数字实践正在迫使新闻业发生根本的结构性变化。例如，刘易斯（Lewis，2012，p. 851）在诸如这些新的核查做法（另见 Singer et al.，2011）等新闻形式中，确认了新出现的"参与伦理"。罗宾逊（Robinson）将同样的现象称为"新闻即过程"的一种新形式，赫尔米达（Hermida，2010）称之为"氛围新闻业"的兴起。有人还建议使用像"液态新闻""混合新闻"和"开源新闻"这样的标签，所有这些都暗示着重大变化正在发生。

这种变化的证据来自诸如美国国家公共广播电台（NPR）前高级策略师安迪·卡文（Andy Carvin）的例子。卡文在推特上对 2011 年"阿拉伯之春"起义的直播常常被认为体现了学者们在数字新闻中瞥见的新的参与伦理。卡文在其个人推特上对有关"阿拉伯之春"的推文进行了众包，从而创建了希尔弗曼（Silverman，2011）所称的"鲜活、逼真、实时的核查系统"（另见 Hermida，2014）。但是，我们知道，要辨别他的新做法是否构成了改变，有必要把注意力放在其行动的合理性，而不是行动本身上。卡文在回应迈克尔·沃尔夫（Michael Wolff）等批评人士 *144*
时提供了这样的正当性理由。沃尔夫（2012）承认卡文发明了一种“新的新闻形式”,但他表示,卡文对核实信息的兴趣不如对“传播错误信息”的兴趣大。卡文显然不同意这种观点。他支持新做法的论点,使人们了解了这些做法背后的理由。

卡文的许多论点都出现在波士顿爆炸案不久后他所做的一次主题演讲中(2013),爆炸事件期间,大量错误信息通过社交媒体被散布。卡文以后卫防守之势开始其理由阐述。他认为,“错误一直是新闻工作的一部分”。换句话说,新闻工作者一直在尽力核实信息,并且有时他们会弄错。这在印刷新闻业的鼎盛时期是这样,在社交媒体时代也是这样。然后,卡文承认,社交媒体可能加剧了“尽快为公众更新信息的压力”。但是,他认为,我们回不到社交媒体之前的时候了。“我们不再控制信息的流动。**我们不再是媒体**”。唯一的选择就是继续前进。“我认为,”他说,“我们需要回到新闻的核心部分,重新思考告知公众意味着什么。”记者不应该再将他们的角色定位为告知公众。相反,卡文建议,他们应该把自己的角色看作“创造更加知情的公众”。在这种条件语态(记者“应该”做什么)的使用中,卡文为“新闻的核心部分”提供了一个新的构成性形象。对他来说,新闻是或者应当是创造知情公众的实践。

新闻应当告知公众的观念将记者想象为信息的采集者和新闻制作者:记者是收集与核查事实,撰写报道并向公众传播的人。创造知情的公众要求则更高。正如卡文所指出的,它要求记者与公民交谈,与他们争论,与他们合作,并向他们发起挑战。“如果我们要接受创造更知情的公众的想法，”卡文总结道，“那么只是报道就不够了。
我们必须更努力地与他们互动，倾听他们，教导他们，向
他们学习。我们必须帮助他们成为更好的信息生产者和 145
消费者。”在这里，我们看到卡文的辩护以“是”的陈述结
尾：记者是（或应当是）老师、听众和学生。这是学者们在
宣称新闻业正在被重新思考时所指出的那种变化。卡文
坚称，不仅是数字新闻的实践有所不同，他认为，新的实
践改变了新闻是什么和应当是什么。

正如卡文的例子所说明的那样，那些认为新闻业正在经历根本性变革的人并没有错，但他们可能有点草率。卡文对新闻应该是或可能是什么样的理解，几乎没有在该场域内赢得多少支持。正如美国新闻编辑协会最佳实践指南所表明的，即使在今天，大多数新闻在大部分时间还都是以传统方式被核实的，新的做法也被纳入了关于新闻是什么和应该是什么的长期观念中。这就是经常出现混淆的地方。许多观察者可能会在新的做法中瞥见新闻新的构成性规则。他们坚持指出，看看像卡文这样的人在做什么，看看卡文是如何辩护他的所作所为的！与此同时，很少有记者接受新的辩护理由，长久以来的辩护理由仍然有效。那么，观察者们是否正确？新闻业是否正在经历根本性的变革？

为了消除这种混淆，我们可以引入时间元素。当面对相反的证据时，认为新闻业正在发生变化的支持者们往往会提出时间上的争辩。也就是说，他们认为新的思维方式还没有取得成功。他们坚持认为，这只是**时间**问题。让我们思考一下时间是如何牵涉于变化之中的。

时间和变化

一般而言,社会场域内的变化发生在以下两个时间尺度之一:在一段较长时间内渐进,或者像在危机中一样一次发生。渐进式变化的一个例子是芬克和舒德森(Fink and Schudson, 2014)在过去50年的美国新闻业中
146 发现的“情境新闻的崛起”。他们认为,二十世纪六十年代以前,“新闻文化是合作的,甚至是殷勤的”(p. 2)。记者们很少追问官员,很少透露官员们希望保密的信息,并逐字报道官员提供的事件。几十年来,这些做法开始发生变化。记者们对官员越来越挑剔。他们的报道更具解释性(Hallin, 1994)。他们撰写的新闻故事也更长,其中官方声明变少了,记者自己的声音则有所增加(Barnhurst and Mutz, 1997)。这种变化首先发生在美国,随后几十年席卷了整个欧洲(Esser and Umbricht,2014)。芬克和舒德森(Fink and Schudson, 2014)认为,这一变化的结果是产生了更多的“情境新闻”,即新闻较少关注“记录任何一天的重要事件,而更多的是提供情境”(p. 7)。这种变化发生得太慢,以至于记者们自己都常常无法察觉(Barnhurst, 2016)。

危机中也可能发生变化。我们已经讨论过一个典型的例子:十九世纪末美国政党新闻系统的消亡。历经整个十九世纪,记者们发明了许多新的新闻形式,从概括性导语到倒金字塔式的写作风格,从采访到客观性。然而,在这整段时间里,党报或多或少完好无损,新闻业保持了

其基本形态（Kaplan，2002；Ryfe and Kemmelmeier，2010；Schudson，1998）。只有在危机之后，特别是在十九世纪九十年代末第三政党制度崩溃以后（Kaplan，2002），新闻业才发生了巨大的变化。这场危机将旧的体系扫地出门，为新做法提供了契机，使之融合成为一种新的、更现代的新闻形式。

当观察家们认为新闻业正在被打乱、被重新思考时，他们常常会想到新闻业正在经历一场危机。但是，请再想想这将带来什么。对美国新闻业的最后一次巨大冲击是从十九世纪的新闻界过渡到二十世纪的现代新闻业，这不仅涉及新闻业内的变革，还涉及广泛的社会动荡。在经济领域，第二次工业革命到来；政治上出现了大众民主国家；在社会中，职业的兴起；在技术上，能够大规模生 147
产印刷品的印刷机被发明。正如我们所知，新闻业被卷入临近的社会场域，特别是政治和经济，还有艺术、市民社会和技术领域。因此，如果没有其他社会场域更广泛的危机，新闻业不可能经历足以改变其基本形式的危机。

从目前的情况来看，这场危机似乎只有一个竞争者，那就是网络社会的兴起（Castells，1996；van Dijk，2012）。人文和科学领域的学者们发现，社会已经从集中、同质、官僚的生活形态向分散、多元、后官僚的形态转变。政治科学家撰文记述新的网络化政治组织的兴起（Bimber，2003；Bimber et al.，2012；Howard，2005；Karpf，2012；Kreiss，2012；Nielsen，2012）。社会学家发现新的社会关系的网络化形式（Baym，2010；Boyd，2014；Rainie and Wellman，2012）。经济学家追踪网络经济学的兴起(Goyal, 2009; Knoke, 2012)。在每一处,数字技术似乎都在提供将我们与他人联结起来的新方式(Brynjolfsson and McAfee, 2014)。

综合起来看,新技术带来的社会、政治、经济和市政的变化似乎是巨大的。然而,大多经过深思熟虑的判断表明,各种变化更多的是叠加到旧事物之上,而不是将其清除。尤其在政治领域,政治学家们一直谨慎地指出,网络政治是对旧规则的补充,而不是替代。甚至在社会关系领域也是如此,在该领域,技术的影响力在不同年龄、阶层和受教育程度者之间的表现是不均衡的。事实证明,一切都没有改变。新闻业也是如此。如果经济、政治等方面的新的数字形式代表着增加而不是剧变,那么新的新闻形式很可能代表着同样的变化。这可以解释对安迪·卡文等人提倡的新核查策略的温和反应。当然,实际情况可能会发生变化,但直到撰写本书时,新闻业似乎并没有遭受可能摧毁其基本规则的那种大规模的危机。

148 但是,也许新的做法代表着渐进的变化。当然,只有时间才能证明,但想想那些促成情境新闻发展的因素吧。学者们将解释性新闻的兴起部分地归因于该行业外部的动力,特别是政治文化变得更具对抗性和宣传性。行业内部的流程也发挥了作用。记者们受到了更好的教育。他们获得了更多的数据,特别是社会科学数据。面对更具宣传性的公共文化,记者对政府官员的怀疑程度更高,因此对他们的提问也更为咄咄逼人。这些内外因素相互作用,使新闻生产发生了缓慢的变化。

数字新闻业可能正在经历这样的过程。在行业之外，数字工具使新的合作形式成为可能。充分利用这些工具的机构往往更小（员工更少），更为扁平化（层级更少）。它们往往不那么正式，更具流动性，不僵化，更灵活。举个例子，为机构工作和不为机构工作的人之间的界限更加模糊。全职员工与兼职人员和合同工互动，甚至在许多情况下，与那些仅仅因为对该主题感兴趣而参与的业余爱好者互动。这类机构在经济、市民社会和政治领域不断出现。可以想象它们也可能出现在新闻业，到那时，它们所体现的结构变化最终可能会导致该场域内的文化变化。正如许多学者所说，这一变化可能会使该行业更具流动性和参与性，成为一个融合了新旧价值观和做法的“混合”场域。俗话说，只有时间才能证明。“情境新闻”的兴起经历了三四十年的时间。数字新闻已经存在了大约 15 年。我们可能正处在该场域的逐渐变化之中。

与此同时，很难让人不对该场域长期存在的规定性和构成性规则的坚韧性和持久性印象深刻。让我们在本章结束时考虑一个问题：面对巨大的干扰，新闻规则是如 149
何持续的？

坚　持

我们把新做法比作“错误”，因为它们偏离了正常或预期的行为模式。正如癌细胞在体内的繁殖速度可能会越来越快一样，越来越多的“错误”似乎正从数字新闻业中衍生而出。可以这样推论，随着错误数量的增加，新闻业将有所改变。然而，至少就目前而言，传统新闻业的基本形态或多或少保持完整。举例来说,花点时间浏览一下美国任何主流报纸的网站。为了便于说明,我选择了《旧金山纪事报》的网站 sfgate.com。太平洋时间 2015 年 5 月 5 日早上 6 点。我们发现了什么?我们在网页顶部找到一个导航条,它复制了印刷产品中的各个版块(新闻、体育、商业、艺术和娱乐、食品、生活、旅游等)。我们发现页面上充斥着传统新闻报道。这些报道大多是关于一些长久不衰的话题,如房地产开发、地震、谋杀、市长的立法提案、一个当地城市提起的诉讼。像他们几十年来所做的那样,政府官员和专家是这些报道的消息源。这些报道大多以常规形式写成,比如是谁,是什么,在何时,在哪里以及导语。“在他承诺将加强奥克兰的公共安全而当选后的第一次预算中,”导语这样开始,“市长利比·沙夫正在推动一项计划,以增强该市的警察力量。”我们发现了什么?我们发现了持续性,特别是**报道新闻**的持续性,“报道”指的是有关生产常规新闻故事的一系列做法,包括巡查所分工的报道领域、与官员和专家互动、应用新闻价值标准,以及用报道程式来包装信息。是什么原因导致了这种持续性呢?

为了回答这个问题,让我们首先回顾一下,对新闻业
150 的干扰来自该场域以外,以新的、市场导向的技术形式出现。正如我们在上一章中讨论的那样,新闻不具有非常强大的基于市场的规范性语汇。在记者当中,很难坚持新闻已经或应当被商业化的论点。相反,记者们倾向于把市场定位为优质新闻业的对手,并且几乎是从该场域出现以来就一直持有这种倾向。事实上,在互联网出现

之前，记者们已经对新闻商业化发动了长达数十年的“战争”(Ryfe, 2012)。起初，记者们大多把新数字技术看作商业主义侵蚀新闻的又一个例子，并最终拒绝了它们。例如，在二十一世纪初，报纸把一两个人组成的网络团队丢到编辑部的角落，并把原本为报纸制作的报道胡乱塞到网上的情况并不罕见。

然而，新的数字工具在这一场域的使用以及由此产生的新的做法势不可挡。它们越发突出的地位迫使记者作出回应。记者们的回应主要是通过一些方式来重新确认对这些问题的传统理解，即新闻是什么和应该是什么，记者是谁和应该是谁。我自己的研究表明，似乎有三个过程在发挥作用(Ryfe, 2012)。我称之为习惯、投入和想象力。在每种情况下，记者采用新的工具和做法，以重新确认关于什么是新闻以及应当如何开展新闻实践的已有想法。

让我参照数字新闻实践给记者们带来的诸多新情况之一，来简要描述一下每个过程。当互联网在二十世纪九十年代中期首次出现时，报纸几乎在事后才开始将其日常内容的网络版发布出来。但一旦数字版本出现，网络平台就有可能抢先报纸进行报道。也就是说，在次日早上报纸刊登这些报道前，记者有可能在前一天晚上已在网上发布了其报道。表面上看，读者可能已经免费阅读了在线版本——比他们花钱买的报纸寄到家门口早了数小时。每个人都知道这没道理，但没人能对此做些什么。十多年后，仍然没有常规的方法来解决这个问题 151
(O'Donovan, 2014; Swisher, 2014)。

存在已久的新闻做法不适合解决这个问题。例如,考虑一下在报纸上发表日常报道的做法。许多新闻本能都是为了这项事业而存在的。记者们确切地知道每天的新闻故事是什么样子,他们会为此目的而进行报道。他们只收集日常报道所需的信息。他们只按编辑告诉他们的版面大小来写新闻稿。他们组织页面信息时默认读者会**在报纸上**阅读它。这些本能在数字新闻中被打乱了。新闻网站需要全天更新,而不是一天更新一次,更不用说产生有新闻价值的信息了。在数字新闻领域,记者们不能再在早上收集信息,然后在下午再为第二天的报纸写稿子了。

正如我们所了解到的,正是在这样的时刻,当旧制度似乎没有抓住新形势所蕴含的可能性时,新的制度便趋于出现。

编辑们已经朝此方向迈出了蹒跚的步伐。一种反应是将报道行为与报纸相分离。其逻辑是:如果记者们所做的是生产内容,为什么不让记者们任意地生产内容呢?最初,记者们可能会将这些内容发布在一个网页上,也可能发布在一个内容管理系统中。从那里,这些内容可以被拉入适当的平台,无论是新闻网站、报纸、广播节目、社交媒体平台还是电视节目。问题解决了!另一个方法是"数字优先",即要求记者们在知道了信息后便将其发布在网络上,一天当中在网上添加/删除/修改该信息,全天在推特上连续发布一些信息,然后在次日的报纸上进行后续报道。

这些新做法看似完全合理,但请思考它们提出的问题。一篇报道应该有多长?它应该包含多少信息?谁来编辑这些报道,编辑工作何时发生?当一名记者花了整

个上午在发帖和发布推文而不是做额外的报道时，他怎么能写出第二天的报道呢？记者们甚至应当写“报 152
道”吗？

这些问题早已在报纸新闻业消失。数字新闻业又一次提出了这些问题，这表明新的做法非同寻常。它们是新闻场域内出现的错误。当然，在这种情况下，发起改变的编辑会被要求对此进行解释。记者们会问：为什么我们要以一连串无差别的内容来制作新闻？为什么我们要“知道了就发布”？

新闻管理者们一直在努力为新的做法寻找辩护理由。技术人员——即发明新工具的人——经常用市场的语言来谈论他们创造的产品。例如，安纳尼和克劳福德(Annany and Crawford, 2014)记述到，与他们交谈过的新闻应用程序设计师们倾向于从**内容**的角度来考虑新闻，从**用户**的角度来看待受众。他们认为自己的主要职责是“交付用户想要接收的内容”(p. 7)。翻译过来便是：他们将自己的角色视为给予人们想要的东西。这种语言对记者来说是陌生的，他们更愿意将新闻看作他们撰写的故事，而不是他们售卖的内容，将受众看作他们所告知的公民，而不是他们所迎合的用户，以及把他们的目的看作为公民提供他们所需要的，而不是为消费者提供他们想要的。技术人员和记者之间的这种距离让新闻管理者们感到困惑。最自然的做法是用发明新数字做法的逻辑来为其辩护：它们是基于市场的工具。然而，这样做可能会疏远那些有望采用这些新工具的记者们。

在这种差距中，已经发展出一套新的论证剧目。它围绕着创新和企业家精神的语言展开。作为这种语言的一个例子,想想莎拉·辛奇利夫·皮尔森(Sarah Hinchlif Pearson, 2009)所说的记者必须面对的四个"铁的事实"。皮尔森毕业于哥伦比亚大学新闻学院,2009年时,她是斯坦福大学互联网与社会中心的研究人员。她首先告诉听众"我
153 们现在都是记者"(事实1)、"大众媒体的辉煌时代已经结束"(事实2)和"新的所谓的新闻寄生虫有利于民主"(事实3)。

在此之后,她转入其主要观点——"我们需要,"她在事实4中宣称,"少怀旧,多创新。"我们需要创新来确保严肃新闻业得以生存。在这里,创新填补了市场(对新的新闻商业模式的需求)和新闻实践之间的差距。皮尔森并不认为记者应该售卖新闻,或采取更加有利可图的做法,相反,她希望他们能够创新。

现在,这种对创新的呼吁在新闻场域广泛存在。正如迪恩·斯塔克曼(Dean Starkman, 2011)所说,这是由大量"新闻的未来思想家"所传播的。这些人形成了一个由学者、出版商、新闻编辑和其他人士组成的小圈子,在关于新闻之未来的会议上四处游说创新的价值。对创新的呼吁被众多诸如克莱·克里斯滕森(Clay Christensen)(Benton, 2012)这样的咨询顾问广为传播,他们认为不是新闻行业在衰退,而是记者们"对行业的思考方式在衰退"。奈特基金会等非营利组织也响应了这一号召。正如刘易斯(Lewis, 2012)所指出的那样,他们已做出"大张旗鼓的努力来塑造新闻创新的本质"(p. 309)。甚至新闻院系也已参与其中。仅在过去的十年里,就有几十家院系建立了媒体创新和创业中心。这些创新手段使新闻管

理者能够以他们希望的记者们认可的方式,将市场的日常意识和俗语转化为新闻实践。

他们坚持认为,先实现数字化不是为了赚钱。相反,这是企业家精神的展示,是记者们如何创新、尝试新事物以满足受众需求的一个例子。

正如我所说,记者们对这些辩护理由的回应有三种方式,我在其他地方(Ryfe, 2012)将其称为习惯、投入和想象力。首先,新的做法破坏了日常新闻报道"先这个,再这个,然后这个"的习惯。在这种情况下,记者们汇报说,新的做法让他们感到"奇怪",或"怪异"。不再做记者通常做的事,他们觉得越来越不像记者。这种感觉有时与编辑部里酝酿的深深的不信任相互结合。在过去的20 *154*
年中,记者们对他们所看到的新闻商业化发动了一场低强度的"战争"(Kovach and Rosenstiel, 2001; Roberts and Kunkel, 2002)。尽管报纸想尽一切办法来扭转数十年来其社区市场渗透率下降的趋势,但这种情况还是发生了。由于缺乏信任,并感到自己的专业身份受到威胁,许多记者从道德角度对新做法做出了反应。他们说,"这不对!"或者,"这只是赚钱的另一招,"或者,"这些人(编辑)都是白痴!"

编辑部中的另一种常见反应更具战略性,更深谋远虑。许多记者认为"知道后就发布"的管理体制不利于优质新闻业。毕竟,没有一个好的记者会在信息未经充分核实前发布信息。他们将这一想法与报纸仍能带来公司90%以上收入的事实联系起来。这使得他们相信,"知道后就发布"的做法从编辑所重视的角度看甚至也是不明智的。“为什么我们要把时间和精力花在那些我们都知道是劣等的做法上,这些做法不会提高我们在记者中的地位,并且对本机构的收支结余是利是弊还很难说。换句话说,为什么我们要创新创得失去工作?”通常,他们的答案是不应该这样做,所以他们不做。这种不情愿并非源自身份的丧失,而是出于对专业自我利益的理性计算。

最后一种反应更多的是与想象力而不是投入有关。由于对编辑部缓慢的变革感到沮丧,许多编辑做出了戏剧性的举动。他们创造了全新的流程,使编辑部“数字化优先”。通常,这需要在编辑部削减一些职位,发明其他职位,然后解雇员工,并邀请他们重新申请新的职位。我们可能会问,通过解雇编辑部内所有人来启动一项计划是否合理。在这里,我希望关注接下来发生的事情,因为它揭示了新闻规则持续存在的第三种方式。当编辑们创造新的职位时,通常很少有人对新工作的要求有明确的理解。例如,网站编辑或者社交媒体经理是做什么的?

155 如果记者们对这些新工作的要求了解甚少,那么与他们互动的消息来源方对其所了解的就更少了。例如,假设你是当地市议会的成员。你已经掌握了如何与记者互动的诀窍。当一位社交媒体经理与你接洽时,你可能会感到困惑。你应该怎么和这个人交流?你能向他们推销报道选题吗?如果可以,这些报道会出现在哪里?以何种形式?你能相信一个社交媒体经理会遵守长期以来的原则来满足你的要求,比如说通过“背景”采访或者“不具名”采访来传达一些信息吗?如果新闻工作者不再是记者,你就不再是消息来源方了吗?如果不是,那你应该扮演什么角色?

在这些问题中,我们看到新闻制度为新闻工作者提供了与公共生活中的其他人进行互动的情境。如果这些制度被打乱,人们很容易对如何相互交流失去把握。但是**他们必须相互交流**。众多公关专业人员的成功取决于他们管理新闻的能力。记者需要消息来源向他们提供可以转化为新闻的信息。

其结果是,记者们会做出一个姿态,表示在其知道时便将信息发布,但随后会一如既往地应对来自政策制定者、公共信息办公室、企业传播专业人士和其他人打来的电话。在这些互动中,他们表现得像记者一样。消息来源向他们推销报道选题,利用他们的新闻意识提出相关问题,对故事的新闻价值做出判断,然后着手以他们数十年来采用的方式制作报道。这样做不是出于习惯,也不是出于记者们的投入,而是由于缺乏想象力。记者和其他人可以想象一个社交媒体经理,他们只是无法想象同时成为一个社交媒体经理和新闻工作者。

注意,在这个例子中,许多编辑部以外的人(市政府官员、公关专业人士)都在帮助复制新闻惯例。作为一项彻底的公共活动,新闻与政治、经济等相邻的社会场域纠缠在一起。这些场域中的个人对新闻业的投入可能不利 156
于以不同方式从事新闻活动的努力。事实证明,新闻工作者不能独自改变新闻业。由于它与国家、市民社会、政治社会和市场密不可分,该场域以外的许多人对新闻实践都有投入。公职人员通过新闻管理舆论,公共关系专业人员通过新闻扩散战略信息,企业通过新闻宣传产品,甚至公民对他们熟悉的新闻种类也有投入。新闻工作者不能在不波及与他人长期关系的情况下采用新的做法。

即使面对干扰,新闻场域仍然保持着完整性,这一部分是出于习惯,一部分是出于记者对自身利益的计算,并且越来越是出于缺乏想象力。这并不是说新闻业没有任何变化。很明显是有变化的。而是说,即使发生这种变化,新闻业的传统也大体保持得很完整。最终,记者们采取新的做法并不难。然而,对于他们以及在该场域有投入的其他人来说,很难证明这些新做法还是新闻实践。也许这种情况会随着该场域内错误数量的增加而逐渐改变。

总　结

我们采用的角度暗含了新闻和变革研究的一个非常重要的观点。说起来也许有点奇怪,发现新闻的变化可能需要更多关注该实践以外的社会场域,关注这些场域是否变化,如何变化,以及这可能对新闻业意味着什么。我在这里特别想到政治和经济,它们在新闻业形成一些自主性和稳定性的历史发展过程中为其提供了压舱石般的稳定力量。在研究新闻业的未来时,人们自然倾向于关注新闻业本身。然而严肃对待新闻与公共生活的关系
157 的方法则表明,我们至少应当在某种程度上抵制这种倾向。新闻的构成性规则植根于更广泛的公共生活的构成性承诺。正是在这些承诺中,我们才能找到新闻业的未来。

第五章 前行方向

近期的新闻学文献说明了新闻业出现和扩散的原因，解释了为什么世界各地的新闻业都有如出一家的相似之处，却又不完全相同。它们把对媒介体制和新闻机构的研究与个人新闻实践、角色观念和价值观联系起来，展示了关于新闻的规范性理念如何以及为什么会起作用或应当起什么作用。我认为，其力量源泉之一在丁所持的相关性态度：其将新闻实践和价值观、记者和新闻机构、新闻场域和相邻的社会场域相互联系起来。就其描述而言，新闻是一种彻底的公共行为，在公共生活中受到各种交错和对立力量的推动和拉动。正是这种相关性使得公共的概念对于理解这个场域至关重要。 158

然而，就其所有成就而言，这个故事是不完整的。作为推进对话的一种方式，我希望在本书的结尾讨论一些尚未回答的问题。我特别关注这个故事中最明显的两处空缺。第一处是，对不同社会的新闻业比较大多是在英美和欧洲进行的。对世界其他地区的研究正在增加（de Burgh，2003a；Hallin and Mancini，2012）。例如，关

于拉丁美洲新闻业和东欧前社会主义国家的新闻实践的文献在不断增多。但其中大部分内容并未被纳入我们在
159 这本书中所回顾的更广泛的对话中。对于世界上的其他地区,如非洲或阿拉伯国家,根本就是缺乏研究。这些空缺对一个恰恰是建立在比较基础上的理论来说是一个明显的限制。

故事不完整的第二方面,就其本身而言,同样显而易见:传统中的大多数主要研究都集中于一种新闻,即政治新闻。不是说其他新闻形式比如文学或小报新闻没有受到关注。实际上,文学新闻学研究非常活跃,小报新闻也受到了相当多的关注。而是说,针对这些新闻形式的研究大多是孤立的,没有以更广泛的新闻场域为背景。如果对新闻业的最佳理解是将其与其他实践和做法联系起来,这代表了我们对该场域理解的另一个优势。举一个例子,了解更多的文学新闻可能有助于我们理解新闻业与艺术等公共领域的关系。

那么作为本书的结尾,我们将注意力转向我们对新闻业尚不了解的内容。为了确定讨论框架,让我们先简单回顾一下我们所知道的内容。

我们已知的

首先,我们应该提醒自己,有关新闻的故事不是什么:它不是关于新闻文本的故事。新闻的正式传播可以追溯到七八世纪的中国和十五世纪的欧洲。但是人类很可能一直在以某种形式制作和发布新闻。这似乎是人类

的一种基本本能。相比之下,新闻的故事是关于一个独立的职业场域的故事,这个场域由新闻机构组成,并被专业记者们占据。这种区别很重要。它允许我们精确地定义我们的研究对象。尽管任何人都可能生产新闻,但并非每个人都是新闻工作者。新闻是一个相对凝聚和范围相对有限的社会场域。它具有内部和外部;它包含自己的文化、自己偏爱的身份和角色、价值观和做法。我们讲 160
的是有关新闻实践的故事,而不是关于新闻文本的故事。

关于这个故事,我们知道很多。国家的重要性是一个。新闻作为一个职业场域最先出现在美国(稍后出现在英国)。为什么是英美而不是其他国家?简单的答案是,这两个国家最先给予了新闻业发展的空间。没有任何一个国家具有足够强大的力量来阻止人们制作和发布新闻。的确,大多数国家甚至没有足够的力量来阻止记者的出现。但国家可以阻止新闻形成一个多少有些自主性的社会场域。如果没有职业文化,记者们经常过着不稳定的、游荡的生活,或者把新闻当作身为政治家、商人或作家的副业来追求。没有一个职业场域,他们几乎没有能力捍卫共同的价值观,也无法保护自己抵御社会上最有权势者的随心所欲。

新闻最初作为一个职业场域出现在英美,因为正是在这里,国家给了它成长的空间。这涉及法律、传统和历史问题。与其他地方相比,英美的国家权力相对较弱,这意味着政治和市民社会享有相对更多的保护。此外,在美国,第一修正案给予了"新闻界"一定程度的正式保护,使其免受国家干预。记者从未在其他一些地方经历过在公共空间进行操作、互动以及最终建立共同的职业文化的自由。

另外我们还知道,仅靠国家行动还不足以形成这个场域。来自经济(如工业化和新闻商业化)和市民社会(如职业的兴起)的其他压力对新闻业的兴起也至关重要。解释新闻业兴起的不是这些发展中的任何一项,而是它们之间的关系。新闻业是在国家、经济、市民社会和新兴行业的推拉下产生的摩擦中出现的。

我们知道新闻业出现在民主的市场社会中,但我们
161 也知道,它可能出现在其他公共生活结构中。人们很容易认为英美的例子具有普遍性。受这一思想的鼓舞,二十世纪的美国领导人经常试图将新闻输出到非民主社会,以期刺激其民主改革。但是事实证明,这些假设是不正确的。例如,法国是一个民主的、以市场为导向的社会,新闻业在英美出现后几十年都没有在法国扩张。这说明,新闻业可能会发现自己更多地被卷入市民或政治社会,而较少地被卷入市场,或者它可能发现自己处于某种不同的公共生活结构中。每个国家的具体情况不尽相同,这意味着新闻不是观察家们曾经以为的民主市场社会的自然产物。

当我们讨论这个话题时,我们知道新闻业出现的国家背景至关重要。正如我们在下文更充分地讨论的那样,有时有人认为,媒体正在日益全球化,这意味着国家背景对媒体机构的发展越来越不重要(Couldry and Hepp, 2013)。为了理解媒体的形态和意义,进而理解新闻文本,人们最好研究从温哥华到孟买等国际化大都市

网络，而不是国家背景（Punathanbekar，2013）。然而，至少就新闻实践而言，大部分研究都反对这一观点（Flew and Waisbord，2015）。即使在欧盟，一些新闻机构在国家以外开展活动，国家的公共生活看来仍在强烈地影响着新闻工作。

然而，我们也知道，无论在哪里，新闻业都有着如出一家的相似之处。无论是在巴西、日本、英国还是中国，新闻都包含着一套熟悉的偏好身份、做法和价值观。例如，在任何地方，记者们都认为他们的主要目的是讲述真相，并且在某种意义上，他们代表人民（或公众）。怎么会是这样？部分原因在于西方的新闻工作者努力将其模式输出到世界其他地方。二十世纪，英国记者和美国记者 *162*
就把英美模式带到了世界其他地方。相似之处还源于以下事实：英美模式首先出现，并因此为其他地方的记者们进行自我衡量设定了标准。例如，非西方国家的记者也都希望被公认为专业的新闻工作者。这意味着，除其他外，他们采用了西方记者可能认可的“专业”特质。相似之处也源于记者在现代工业社会中所处的位置。在各个地方，记者都被放置在国家、市场和市民社会之间。每个国家的具体情况各不相同，但在记者受到这些力量的推动和拉动时，他们所能做出的反应具有一些普遍性。其结果是在全球范围内形成了一个大致相似的行业。

最后，我们对该场域的内部机制有了一些了解。久而久之，新闻场域发展出了独特的规则和资源：从特许做法、规范、价值观和身份认同的正当性这个意义上所讲的规则，以及围绕这些正当性而产生的象征性和物质性资本等资源。在规则和资源的共同作用下,记者可做之事的边界变得或多或少可以渗透。它们通过认可和奖励的过程来做到这一点。

例如,假设一个记者提议根据星历中星星的位置写一篇新闻报道。其他记者质疑他对占星术的使用。他们问,这真的是正当的信息来源吗?我们已经知道,最终他通过诉诸有关新闻是什么及其目的是什么的构成性规则来为自己的行为加以辩护,正如我们所知,这些规则根植于国家、市场、市民和政治社会的逻辑之中。他能否实现这些辩护,取决于他能否说服其他记者接受他的论点,即认可他的行为是一次正当的新闻实践。他越善于证明自己行为的正当性,其积累的资源(薪水、声望)就越多,在该场域的规则和资源上的投入就越大。

请注意这个过程的几个方面。首先,它给新闻场域
163 引入了一定程度的偶然性。几乎任何行动都可能被辩护成新闻实践。第二,任何特定记者说服他人的能力取决于一系列因素:取决于他们的说服力,他们在该场域的地位,以及环境因素(如果他为一家小报工作,可能比在一家著名的主流日报工作取得更大的成功)。但是,第三,特定的辩护理由和理由的种类有时是制度化的,即记者养成了日常习惯和思路习惯,这给该场域带来了一定程度的稳定性。记者们通过反复采取同样的行动,并回到同样的理由为这些行动辩护,来产生这种稳定性。实际上,他们被鼓励去这样做。他们越是采取公认的新闻行动,其他人就越认为他们是"理想"的记者,他们在该场域也可能获得更高的地位。事实证明,尽管任何行动都可

能被辩护成新闻实践,但实际上,通常被视为正当新闻实践的行为都在一个比较明显、稳固、狭窄的范围内。

简而言之,这些是我们关于新闻所知道的一些事情。加在一起,它们代表着我们在理解上的巨大进步。但是仍有很多我们不知道的事情。

我们未知的

我们所知的第一个也是最明显的不足,是大量文献都是集中于英美和欧洲的例子。为了准备写这本书,我对文献进行了或多或少较为详尽的审阅。我发现关于世界上一些地区的研究很少。例如,关于非洲的新闻业,我们知之甚少(见 Hadland, 2012; Rønning, 2005; Shaw, 2009)。对阿拉伯国家(见 Mellor, 2007, 2009; Sakr, 2005)以及中美洲和南美洲一些地方的新闻业也是如此。对全球其他地区的重要研究已经完成。例如,我发现了大量并且不断增长的关于东南亚新闻业的研究。人们也 164
可以找到关于泰国、马来西亚、印度尼西亚以及印度和日本新闻业的研究(Clausen, 2004; Massey and Chang, 2002; McCargo, 2002; Pintak and Setiyono, 2011; Rao, 2009; Rao, 2010; Seward, 2005; Steele, 2011)。我还发现了关于东欧前社会主义国家新闻业的文献(Jakubowicz and Sükösd, 2008; Kenny and Gross, 2008; Roudakova, 2008; Splichal, 2001; Vartanova, 2012; Voltmer, 2008)。当然,关于拉丁美洲新闻业的研究由来已久(Albuquerque, 2012; Alves, 2005;

Guerrero and Márquez Ramírez, 2014; Salwen and Garrison, 2013; Waisbord, 2000, 2009)。

然而,很明显,这些研究中的许多内容没有被纳入更广泛的对话。造成这种情况的原因有很多。部分原因在于,关于区域新闻的一些最好的作品尚未被翻译成英语。不管好坏,英语已经成为研究者与国际受众分享研究成果的语言。因此,当有关拉丁美洲新闻业的一些最好的作品只以西班牙语出版,或者关于俄罗斯新闻业的作品只以俄语出版时,这意味着关于新闻的全球对话减少了。另一个原因与出版渠道有关。此前,很少有专门关注新闻学研究的期刊,而其中吸引国际读者的期刊就更少了。区域性研究发表在区域性期刊上,因此即便将其翻译成英文,也无法吸引全球读者。一个例子是《非洲新闻研究》,该期刊发表了大量关于非洲新闻业的有趣的研究。但是,这些研究大多由该地区的学者阅读,因此通常不会引起全球读者的关注。今天,诸如《新闻学》和《新闻研究》之类的期刊已经成为全球新闻学研究的中心。但这是一个近期的现象,距离文献资料去除以英美和西欧为焦点还需要一段时间。第三个原因可能与理论倾向有关。同样,以往区域性研究往往倚仗植根于特定国家或区域背景的概念或理论。这使得很难通过一套共同的日
165 常意识和话语来评估跨地区的研究,并且很难建立更广泛的理论来解释,比如说,在泰国是如何通过与在英国相似和不同的方式塑造新闻业的。不过,这种情况也在开始改变。莱夫和布拉赫-厄尔斯顿(Ryfe and Blach-Ørsten, 2011)的《新闻研究》特刊将制度概念扩展到了非

欧洲的例子。哈林和曼奇尼(Hallin and Mancini, 2004)在其书中对三种模式方法做了同样的处理。其他的编著,如锡阿佩拉和韦格利斯的《在线新闻手册》(Siapera and Veglis, 2012),包含了场域理论在各种国家在线新闻系统中的应用。这些例子表明,围绕共同的日常意识和话语,该场域正在变得更加一体化。

不过,可以公平地说,新闻与公共生活的关系在全球大部分地区仍处于不断探索中。这将影响我们对该场域的理解。以阿拉伯新闻业为例。关于它的故事的许多方面都让人熟悉。例如,在其存在的整个过程中,在每个阿拉伯社会,国家在管理新闻场域方面都发挥了强有力的作用(Ayalon, 1995)。自二十世纪九十年代以来,其中的一些限制已经放宽,随之而来的是商业化导向的新闻媒体数量激增(Mellor, 2007)。正如我们所看到的,巴西和其他地方的新闻业也有类似的情形。

即便如此,阿拉伯新闻业的故事中因其背景而有许多独特之处。特别突出的有三个特点:

一个是泛阿拉伯民族主义的作用,它已经将新闻场域扩展到一系列区域政治机构。一个明显的比较是欧盟(EU)的新闻业。与阿拉伯国家背景相似,欧洲认同感的增强导致了欧洲区域性新闻机构的形成。然而,与中东地区相比,欧盟大多数新闻机构仍然受到国家背景的强烈影响。在该地区"卫星革命"的协助下,泛阿拉伯身份认同创造了一个或多或少连贯的区域性新闻场域。正如瓦莱里亚尼(Valeriani, 2010, p. 28)所言,新闻业已经在中东占据了一个混合空间,这一空间促进了直接和日常

的“国家和泛阿拉伯新闻运营商及新闻话语之间的
166 互动”。

阿拉伯新闻业的另一个突出特点是全球性,主要由西方所有的新闻机构在塑造阿拉伯国家的新闻商业市场方面发挥了作用。英国广播公司、美国有线电视新闻网和新闻集团等新闻机构在阿拉伯媒体市场上具有很强的竞争力。全球化再次影响了许多国家的新闻场域。例如,印度新闻业与全球新闻系统有着密切的联系(Thussu, 2005)。然而,鉴于中东对全球政治经济的重要性以及该地区经常爆发危机,阿拉伯新闻工作者以独特的方式与西方的新闻工作者并肩工作。正如梅洛(Mellor, 2007)所说,这种独特的位置使阿拉伯记者成为国际和地方之间的桥梁,有助于将全球(通常是西方)的关切和价值观转化为当地精英和公众可以理解的本地语言(反之亦然)。

最后,在我们研究西方的例子时,我们还没有讨论宗教在新闻场域的作用。在对阿拉伯新闻业的研究中,这一点不容忽视。与中国的儒家思想一样,伊斯兰教帮助中东和其他伊斯兰教占主导地位的社会建立了广泛的文化认识论。哈菲兹(Hafez, 2002)在审阅新闻机构编写的伦理规范时发现,宗教具有重要意义。在伊斯兰教义的影响下,中东的伦理规范在隐私与表达自由发生冲突时,会为前者提供更有力的保护。它们也更倾向于考虑国家和文化因素而不是言论自由。然而这并非普遍如此。哈菲兹在中东发现了一些更为“现代”或西方导向的新闻准则。总的来说,他认为中东记者贡献并借鉴了关于新闻伦理的跨国话语。不过，哈菲兹总结说，在中东，人们发现“当涉及国家、民族或宗教利益的新闻时，自由度较低。这些准则指向了非常不同的忠诚”(p. 244)。在某种程度上，这种差异源于宗教在这些社会的公共生活中所起的作用(另见 Pintak and Setiyono, 2011; Steele, 2011, 关于其他“东方”社会中的伊斯兰教和新闻的讨论)。 167

鉴于新闻场域的相关性特征，更多地了解阿拉伯新闻场域应该有助于了解其他国家的新闻场域。至少，它将帮助我们更精确地描述阿拉伯新闻业与其他地区该行业的相似之处及其相似程度。我们可以就非洲大陆或者欧洲前社会主义国家的新闻业讲一个类似的故事。更多地了解这些社会中的新闻业，将填补部分的新闻家谱。

更多地了解西方以外的新闻实践，可能会带来其他的收获。通常，当学者比较新闻场域时，他们会以西方的例子作为比较的基础。也就是说，他们倾向于提出源自西方经验的问题，比如其他地方的新闻实践是否促进了民主，如果是，在多大程度上促进了民主。不是说这些问题不重要。而是说，在提出这些问题时，我们可能会排挤掉其他不太以西方为中心的问题。更密切地关注远离西方的新闻场域可能有助于我们提出新的问题。例如，更多地了解宗教在阿拉伯新闻业中的作用，能够启发思考宗教在西方新闻业中的作用，这个话题尚未受到太多关注。进一步了解阿拉伯记者如何在国际和本地之间架起桥梁，可能会鼓励其他人来探索，例如，美国记者是如何为自己的受众搭建这座桥梁的。通过这些方式，更多和更丰富的比较能够启发思考所有新闻场域都需要提出的新问题。

我们对新闻知识的第二处明显欠缺来自学者们对政治新闻的过度关注。正如泽利泽(Zelizer, 2012)所指出的,“新闻学学术研究长期以来特别优待的新闻世界比实际存在的新闻世界要窄小许多”(p. 459)。即使是粗略的回顾也显示出她是对的。许多(如果不是大多数的话)新闻学的开创性研究,即引用最广泛和最有影响力的研究,都集中在政治新闻上:想想塔克曼(Tuchman, 1978)关于市政厅记者的民族志,或库克(Cook, 1998)的“新闻治理”研究,或者哈林和曼奇尼(Hallin and Mancini, 2004)的“媒体和政治的三种模式”。这种关注是可以理解的。
168 新闻与民主之间的历史联系是牢固的,并且记者倾向于强调自己的政治作用。尽管如此,正如琼斯(Jones, 2009)所描述的那样,政治记者可能是新闻体系(p. 1)中的一个“铁心”,它围绕着政治生活中的硬新闻而来,但他们的人数远远低于生产其他形式新闻的记者人数。这一事实本身就意味着我们对新闻场域的了解比我们想象的要少。

以美国文学新闻为例。即使到了2000年,哈特索克(Hartsock)也可以在他的《美国文学新闻史》开篇指出,这个主题迄今很少受到关注。哈特索克观察到,文学史学家认为那种体裁不值得研究,新闻史学家在马克·吐温、斯蒂芬·克莱恩和西奥多·德莱塞的作品中没有看到什么特别具有新闻性的东西。除了几个显著的例外情况(Fishkin, 1985; Robertson, 1997; Sims, 1990),这种体裁因为对英文学者来说不够文学,对新闻学者来说又不够新闻而被知识界简单忽视了。

自哈特索克发出悲叹以来,人们对文学新闻的兴趣明显增加(Canada, 2013; Connery, 2011; Underwood, 2013)。除其他外,学者们发现,美国的文学和新闻从一开始就紧密相连。直到十九世纪下半叶,文学散文和新闻并排出现在报纸上并不罕见。实际上,许多十九世纪和二十世纪初最著名的美国作家,从马克·吐温到沃尔特·惠特曼,从斯蒂芬·克莱恩到欧内斯特·海明威,都是从做记者开始的。直到二十世纪二十年代专业新闻业的出现,文学和新闻才最终得以分清。当时的主流新闻写作更加正式和通用,失去了其小说的抱负。然而,正如二十世纪六十年代的新新闻学所表明的那样,新闻从未切断与文学的联系。在它们的边缘,这两个场域总是交融和模糊的。

进一步研究这一边缘领域的时机业已成熟。但迄今为止,它还没有被很好地纳入针对新闻场域更广泛的概
念认识中。无论是哈林和曼奇尼的比较方法,还是库克 *169*
的制度方法,都没有充分考虑到新闻与艺术的关系。布尔迪厄的场域理论更经得起检验,法国新闻业的文学模式也受到了一些关注(Benson, 2013; Chalaby, 1996)。然而,在更广泛的文献中,新闻场域主要位于国家、政治领域和市场之间(Willig, 2012)。罗厄(Roeh, 1989)的观察虽然是几十年前做出的,现在仍然成立:人们普遍“拒绝去研究和评价新闻写作的本质:讲故事”(p. 162)。

这是一个失去的机会。有两条值得进一步探索的路径。一个与新闻和文学的边界构成有关。文学记者究竟

是如何在新闻场域中摆放其位置的?他们如何区分自己和作家及小说家?他们如何为其工作辩护?通过诉诸哪种资源?这些资源从何而来?文学记者的特权身份和做法与那些为日报工作的记者有什么相似和不同?正如我们在前一章中了解到的,学者们越来越多地提出这种技术专家们才提的、跨越新闻与市场场域边界的问题(Carlson and Lewis, 2015)。或许与文学新闻的比较可以使这一过程更加清晰。

文学新闻另一个值得进一步研究的方面,是记者如何在场域内协调真相、事实和客观性之间的关系。这个主题是任何关于新闻的定义的核心。然而,在进入二十世纪之前,"写作"和新闻几乎没有什么区别,因此也没人费心去分开理解真相的不同模式(Connery, 2011; Fishkin, 1985; Robertson, 1997)。大多数非虚构写作的目的都是为了提出关于世界的大致真实的叙述(Canada, 2013)。由于诗歌可能和新闻报道一样能很好地展示这些叙述,因此这两种形式的写作都曾被刊登在报纸上。

170 然而,在二十世纪初的某个时候,现代新闻业取得了决定性的突破。报纸停止发表文学作品,主流记者开始用清晰的事实来充实他们的新闻报道,并逐渐偏离更笼统的真相陈述。确实,他们特别优待"事实",即使这意味着遮蔽关于事件、问题或情况的更广泛的真相。对于二十世纪的文学记者来说,他们很排斥这种僵固紧贴"事实"的做法。比如杜鲁门·卡波特(Truman Capote)的《冷血》(1966)就虚构了对话甚至整个场景。他们诉诸"真相"来为这种偏离做法辩护。正如安德伍德(Under-

wood, 2013)所描述的,"他们对揭露和生动描述生活现实的冲动……成为他们写作的重点……其重要性超过了担心……他们违反了新闻机构用来定义据实写作的标准"(p. 3)。对于文学记者来说,主流记者们已经成为过于刻板的新闻模式的奴隶,这些新闻模式由后者工作所在的商业新闻机构所推行。对主流记者们来说,文学记者的作品不过是小说,因此危害了记者与公众之间的特殊关系,毕竟,这种关系的建立以记者只发布可核实的信息为前提。

自二十世纪初文学和新闻场域分离以来,这些争论一直围绕着文学和新闻的边界展开。它们在当下引起特别的共鸣,因为数字新闻的兴起再次打乱了在这些问题上所达成的共识(Peters and Broersma, 2013)。也许这些争论中有可供研究新问题的素材。博客作者是记者吗?(Singer, 2005)或者记者可以与其受众合作进行新闻报道吗?他们应当这样做吗?(Hermida, 2010; Lasorsa et al., 2012; Ruggiero, 2004)在这种情况下,记者、技术专家和其他人如何就什么算得上新闻展开协商?这些协商与文学记者和主流记者之间的协商有什么相似之处和不同之处?

小报新闻是另一个例子,这种体裁虽然已经存在了几十年——根据一些定义,已经存在了几个世纪——但 171
相对并未受到很多关注。小报指的是信息娱乐新闻,一种专注于丑闻和感官刺激、娱乐和消费主义的报道。近几十年来,小报新闻的数量显著增长,因此产生了"小报化"一词(Dahlgren and Sparks, 1992; Kurtz, 1993)。这种趋势源自新闻机构面临着吸引更多受众的压力。这些压力无处不在(Esser, 1999; Sparks and Tulloch, 2000),尽管它们可能在不同的国家背景下表达方式有所不同。

主流记者普遍拒绝小报化趋势,甚至反对小报体裁本身。因此,正如杜兹(Deuze, 2005)所说,像文学记者一样,“小报记者和编辑们在专业新闻的空白处和边缘处运作”(p. 861)。然而,尽管小报记者处于场域的边缘,但他们仍然坚持认为,他们和主流记者一样都是新闻工作者(Bird, 1992, p.90-106)。例如,他们指出,他们依赖与主流记者相同的新闻采编方法。他们对新闻有“敏锐的嗅觉”,并在可能的情况下“坚持事实”。在更为防御性的时刻,他们论称,他们制作的新闻对读者来说甚至比日报上的新闻更具相关性和趣味性。他们努力在新闻场域建立并保持地位,这也为新闻场域的内部构成打开了另一扇窗。这一过程的三个方面似乎特别适合进行更多的探索。

第一方面是文学新闻也提出的问题:新闻与真相的关系。回想一下,文学记者为他们的故事中有时出现的捏造行为辩护,称其为确定真相的努力。在这种情况下,真相被定义为整体“情况的真实性”。小报记者采取了不同的策略。正如伯德(Bird, 1992)所观察到的,这些记者辩称,一篇报道“如果忠实地报道了消息来源所说或所写的内容”(p. 92),它便是准确的。例如,如果一位“专家”告诉他们有不明飞行物存在,并且他们准确地报道了这些陈述,那么小报记者可以合理地认为其报道是真实的。

这种普遍存在于新闻场域的辩护策略，引发了一系列问题，这些问题都触及了新闻权威的核心（Carlson，2009；Eason，1986；Zelizer，1990）。这种权威从何而来？它如何影响记者与其消息来源的关系？谁算专家？为什么？ 172
与文学记者的手段放在一起，小报记者的辩护策略意味着在新闻场域存在一个“真实性剧目”（repertoire of truthfulness）。一个有趣的研究项目可能是在整个新闻场域，以及跨越多个新闻场域了解这些辩护理由。有多少这样的剧目存在？哪些类型的记者通常会提出辩护理由？会是什么样的辩护理由？

其次，小报新闻使我们得以洞见新闻与大众文化的关系，或者换句话说，与社会内部阶级区隔的关系。特别是布尔迪厄在他的社会场域理论中充分利用了阶级的概念（Bourdieu，1985）。在他看来，社会场域是由阶级定义的，他把阶级定义为在一个社会场域空间内占据相似位置的个人群体。在社会空间中的个体将这些群体提名并命名为不同的阶级之前，它们始终保持潜在的状态。这样看来，社会阶级是社会场域内整体政治斗争的一部分，该斗争以期指出会在社会空间中引起共鸣的那些区隔。正如许多学者所指出的（Gans，2009；Sparks，1992），关于小报新闻的研究几乎要求人们关注这场斗争。罗法里（Rhoufari，2000）的论点很典型。作为一种流行新闻形式，小报明确地站在被视为下层阶级的“人民”一边，因此明确地拒绝“精英”媒体及其受众。小报与大众倾向之间的对应关系决定了在新闻场域这部分工作的记者们可以利用的规则和资源。因此小报记者在新闻场域获得认可的斗争在某种程度上反映了下层阶级为在公共生活中获得可见度而进行的更广泛的斗争(Benson and Neveu，2005；Ernebring and Jönsson，2004)。

因为阶级的概念对布尔迪厄的理论非常重要，对我们讨论过的其他人来说则不然，所以我把它排除在本书的主要故事线之外。但是，正如小报新闻所表明的那样，它对评估特定的新闻场域，以及这些场域内的空间可能很有用。

小报新闻的最后一个贡献是，它为我们提供了一个机会，让我们思考新闻与我们尚未讨论的一个社会领域
173 的关系：私人领域。不止一位学者指出，小报新闻在关注消费和名人话题方面与众不同，这些话题通常与私人领域相关(Biressi and Nunn，2008)。它的叙事模式也倾向于对话、八卦和忏悔，所有这些特质都更多地与私人语言相关，尤其是与女性和女性的会话文化相关(Jones，1980)。当然，女性被打发到私人领域的历史由来已久。通过所有这些方式，小报将新闻与私人领域联系起来(Scott and Keates，2004)，鉴于新闻变得越来越小报化，对这种联系进行更多的研究似乎是适当的。例如，通常与私人领域相关联的价值观、做法和身份是如何被纳入新闻场域的？记者如何接受、适应和/或拒绝这些价值观和做法？小报化对记者的影响是什么？对于数字记者而言，这些问题显得尤为相关，一些学者认为，数字记者运作于其中的媒体颠覆了私人与公共间的传统关联(Papacharissi，2010)。

这似乎是个适合结尾的地方。我们可以继续讨论更

多值得进一步探讨的领域。例如，我们对新闻的全球化只字未提（Livingstone，2012）。一些学者甚至认为，跨国媒体需要一种全新的新闻模式，这一模式将取代以民族国家为核心的分析单元（Appadurai，1996）。但我认为我们已经做了足够多的工作来表明，对新闻的研究远未完成。过去几十年中的进展在某些领域断断续续。对旧问题的回答产生了有待彻知的新问题。然而，随着新闻场域的发展，公共生活的概念仍将至关重要。正如我所希望表明的，它是理解该场域本质的核心术语。

随着公共生活的发展，新闻也将发展。

参考文献

Abbott, A. (1988). The system of professions: An essay on the division of expert labor. Chicago: The University of Chicago Press.

Abbott, A. (1993). The sociology of work and the professions. Annual Review of Sociology, 19, 187-209.

Albert, P. (2004). La press française. Paris: La Documentation française.

Albuquerque, de A. (2012). On models and margins: Comparative media models viewed from a Brazilian perspective. In D. Hallin and P. Mancini (eds.), Comparing media systems beyond the Western world (pp. 72-95). Cambridge: Cambridge University Press.

Alexander, J. (1981). The mass media in systemic, historical and comparative perspective. In E. Katz and T. Szecsko (eds.), Mass media and social change (pp. 17-51). Thousand Oaks, CA: Sage.

Alexander, J., and Colomy, P. (eds.). (1990). Differentiation theory and social change: Comparative and historical perspectives. New York: Columbia University Press.

Alexander, J., Breese, E., and Luengo, M. (eds.). (2016). The crisis of journalism reconsidered: From technology to culture.Cambridge: Cambridge University Press.

Allan, S. (2003). Mediating citizenship: On-line journalism and the public sphere: New voices. Development, 46(1), 30-40.

Alsop, J., and Alsop, S. (1958). The reporter's trade.New York: Reynal.

Altheide, D. L. (1976). Creating reality: How TV news distorts events.Beverly Hills, CA: Sage.

Alves, R. (2005). From lapdog to watchdog: The role of the press in Latin America's democratization. In H. de Burgh (ed.), Making journalists: Diverse models, global issues (pp. 181-202). London: Routledge.

Anderson, B. (1983). Imagined communities: Reflections on the origin and spread of nationalism. London: Verso.

Anderson, C. W. (2013). Rebuilding the news: Metropolitan journalism in the digital age.Philadelphia: Temple University Press.

Anderson, C. W., and Schudson, M. (2008). News 175
production and organizations: Objectivity, truth-seeking, and professionalism in journalism. In K. Wahl-Jorgensen and T. Hanitzsch (eds.), Handbook of Jour-

nalism Studies(pp. 88-101). New York: Routledge.

Anderson, C. W., Shirky, C., and Bell, E. (2012). Post-industrial journalism: Adapting to the present: A report.New York: Columbia Journalism School.

Annany, M., and Crawford, K. (2014). A liminal press: Situating news app designers within a field of networked news production. Digital Journalism, 3, 192-208.

Appadurai, A. (1996). Modernity at large: Cultural dimensions of globalization.Minneapolis: University of Minnesota Press.

Atherton, I. (1998). The itch grown a disease: Manuscript transmission of newsin the seventeenth century. Prose Studies, 21(2), 39-65.

Ayalon, A. (1995). The press in the Arab Middle East: A history.New York: Oxford University Press.

Bagdikian, B. (1983). The media monopoly. Boston: Beacon Press.

Baker, C. E. (1994). Advertising anda democratic press.Princeton: Princeton University Press.

Baker, C. E. (2002). Media, markets & democracy.Cambridge: Cambridge University Press.

Baker, K. M. (1990). Inventing the French revolution: Essays on French political culture in the eighteenth century.NewYork: Cambridge University Press.

Baldasty, G. E. (1992). The commercialization of

news in the nineteenth century. Madison: University of Wisconsin Press.

Bandurski, D., and Hala, M. (eds.). (2010). Investigative journalism in China: Eight cases in Chinese-watchdog journalism. Hong Kong: Hong Kong University Press.

Barnhurst, K. (2016). Mister Pulitzer and the spider: Modern news from realism to the digital. Urbana: University of Illinois Press.

Barnhurst, K. G., and Mutz, D. (1997). American journalism and the decline in event-centered reporting. Journal of Communication, 47, 27-53.

Barnhurst, K., and Nerone, J. (2001). The form of news. New York: Guilford Press.

Baym, N. (2010). Personalized connections in the digital age. Cambridge: Polity.

Bell, M. (1998). The truth is our currency. The Harvard International Journal of Press/Politics, 3(1), 102-109.

Benkler, Y. (2006). The wealth of networks: How social networks transform markets and freedom. New Haven: Yale University Press.

Bennett, W. L. (1983). News: The politics of illusion. New York: Longman.

Benson, R. (2002). The political/literary model of French journalism: Change and continuity in immigration news coverage, 1973-1991. Journal of European Area Studies, 10(1), 49-70.

176 Benson, R. (2005). Mapping field variation: Journalism in France and the United States. In R. Benson and E. Neveu (eds.), Bourdieu and the journalistic field (pp. 85-112). Cambridge, UK: Polity.

Benson, R. (2006). News media as a 'journalistic field': What Bourdieu adds to new institutionalism, and vice versa. Political Communication, 23, 187-202.

Benson, R. (2009). What makes news more multiperspectival: A field analysis. Poetics, 37, 402-418.

Benson, R. (2010). What makes for a critical press? A case study of French and U.S. immigration news coverage. The International Journal of Press/Politics, 15(1), 3-24.

Benson, R. (2013). Shaping immigration news: A French-American comparison. New York: Cambridge University Press.

Benson, R., and Neveu, E. (eds.). (2005). Bourdieu and the journalistic field. Cambridge, UK: Polity.

Benson, R., and A. Saguy. (2005). Constructing social problems in an age of globalization: A French-American comparison. American Sociological Review, 70 (2), 233-259.

Benson, R., and Hallin, D. (2007). How states,

markets and globalization shape the news: The French and US national press, 1965-97. European Journal of Communication, 22(1), 27-48.

Benton, J. (2012). Clayton Christensen on the news industry. NiemanLab, accessed on October 23, 2015 at: http://www. niemanlab. org/2012/10/clay-christensen-on-the-news-industry-we-didnt-quite-understand-how-quickly-things-fall-off-the-cliff/.

Bimber, B. (2003). Information and American democracy: Technology in the evolution of power. Cambridge: Cambridge University Press.

Bimber, B., Flanagin, A., and Stohl, C. (2012). Collective action in organizations: Interaction and engagement in an era of technological change. Cambridge: Cambridge University Press.

Bird, E. S. (1992). For enquiring minds: A cultural study of supermarket tabloids. Knoxville: University of Tennessee Press.

Biressi, A., and Nunn, H. (2008). Bad citizens: The class politics of lifestyle television. In A. Biressi and H. Nunn (eds.). Exposing lifestyle television: The big reveal(pp. 15-24). Farnham, UK: Ashgate.

Blanchard, M. A. (1986). Exporting the First Amendment: The press-government crusade of 1945-1952. New York: Longman Publishing.

Bledstein, B. (1976). The culture of professionalism: The middle class and the development of higher education. New York: Norton.

Blumler, J., and Cushion, S. (2013). Normative perspectives on journalism studies: Stock-taking and future directions. Journalism, 15(3), 259-272.

Boczkowski, P. (2004). Digitizing the news: innovation in online newspapers. Cambridge, MA: MIT Press.

Born, G. (2003). Strategy, positioning and projec-
177 tion in digitaltelevision: Channel Four and the commercialization of public service broadcasting in the UK. Media, Culture & Society, 25(6), 774-799.

Boudana, S. (2010). On the values guiding the French practice of journalism: Interviews with thirteen war correspondents. Journalism, 11(3), 293-310.

Bourdieu, P. (1977). Outline of a theory of practice. Cambridge: Cambridge University Press.

Bourdieu, P. (1980). The logic of practice. Stanford: Stanford University Press.

Bourdieu, P. (1984). Distinction: A social critique of the judgment of taste. Richard Nice (trans.). Cambridge, MA: Harvard University Press.

Bourdieu, P. (1985). Social space and the genesis of groups. Theory and Society 14(6), 723-744.

Bourdieu, P. (1986a). From rules to strategies: An interview with Pierre Bourdieu. Cultural Anthropology,

1(1), 110-120.

Bourdieu, P. (1986b). The forms of capital. In J. E. Richardson (ed.). Handbook of theory of research for the sociology of education(pp. 241-258). Glencoe, IL: Greenwood Press.

Bourdieu, P. (1998). Practical reason: On the theory of action.Stanford: Stanford University Press.

Bourdieu, P., and Wacquant, L. (1992). An invitation to reflexive sociology. Chicago: The University of Chicago Press.

Bowd, K. (2006). Intersections of community and journalism in Singapore and Australia. Asia Pacific Media Educator, 17, 56-70.

Boyd, d. (2014). It's complicated: The social lives of networked teens.New Haven: Yale University Press.

Breed, W. (1955). Social control in the newsroom: A functional analysis. Social Forces, 33(4), 326-335.

Britton, R. S. (1933). The Chinese periodical press, 1800-1912.Shanghai: Kelly & Walsh.

Brubaker, R. (1985). Rethinking classical social theory: The sociological vision of Pierre Bourdieu. Theory and Society, 14(6), 745-775.

Brüggemann, M., and Schulz-Forberg, H. (2009). Becoming pan-European? Transnational media and the European public sphere. The International Communication Gazette, 71(8), 693-712.

Brüggemann, M., Engesser, S., Büchel, F., Humprecht, E., and Castro, L. (2014). Hallin and Mancini revisited: Four empirical types of western media systems. Journal of Communication, 64, 1037-1065.

Bruno, N. (2011). Tweet first, verify later? How real-time information is changing the coverage of worldwide crisis events. Oxford: Reuters Institute for the Study of Journalism, accessed on October 23, 2015 at: http://reutersinstitute. politics. ox. ac. uk/publication/tweet-first-verify-later

Brynjolfsson, E., and McAfee, A. (2014). The second machine age: Work, progress, and prosperity in a time of brilliant technologies. New York: W.W. Norton.

178 Buck-Morss, S. (2000). Hegel and Haiti. Critical Inquiry, 26, 821-865.

Burgh, de H. (2003a). Kings without crowns? The re-emergence of investigative journalism in China. Media, Culture & Society, 25, 801-20.

Burgh, de H. (2003b). The Chinese journalist: Mediating information in the world's most populous country. London: Routledge.

Calhoun, C. (ed.). (1992). Habermas and the public sphere. Cambridge, MA: MIT Press.

Calhoun, C., LiPuma, E., and Postone, M. (eds.).

(1993). Bourdieu: Critical Perspectives. Chicago: University of Chicago Press.

Canada, M. (2013). Literature and realism: Inspirations, intersections, and inventions from Ben Franklin to Stephen Colbert. New York: Palgrave Macmillan.

Canel, M. J., and Voltmer, K. (eds.) (2014). Comparing political communication across time and space: New studies in an emerging field. New York: Palgrave Macmillan.

Caplow, T. (1954). The sociology of work. Minneapolis: University of Minnesota Press.

Capote, T. (1966). In cold blood. London: Random House.

Cappella, J., and Jamieson, K. H. (1997). Spiral of cynicism: The press and the public good. Oxford: Oxford University Press.

Carey, J. (1987). The press and public discourse. Center Magazine, 20, 4-32.

Carey, J. (1989). Communication as culture: Essays on media and sociology. Boston: Unwin Hyman.

Carlson, M. (2009). Dueling, dancing, or dominating? Journalists and their sources. Sociology Compass, 3(4), 526-542.

Carlson, M., and Lewis, S. (eds.) (2015). Boundaries of journalism: Professionalism, practices and participation. New York: Routledge.

Carr-Saunders, A. M., and Wilson, P. (1964). The professions. New York: Frank Cass.

Carvin, A. (2013). Can social media help us create a more informed public? Accessed on October 23, 2015 at: http://www.andycarvin.com/? p=1773.

Castells, M. (1996). The rise of the network society. Oxford: Blackwell.

Censer, J. (1994). The French press in the age of enlightenment. London: Routledge.

Censer, J., and Popkin, J. (eds.) (1987). Press and politics in pre-revolutionary France. Berkeley: University of California Press.

Chalaby, J. (1996). Journalism as an Anglo-American invention: A comparison of the development of French and Anglo-American journalism, 1830s-1920s. European Journal of Communication, 11(3), 303-326.

Chalaby, J. (1997). No ordinary press owners: Press barons as a Weberian ideal type. Media, Culture & Society, 19, 621-641.

Chalaby, J. (2004). Scandal and the rise of investigative reporting in France. American Behavioral Scientist, 47(9), 1194-1207.

Chan, J. M. (2003). Administrative boundaries and
179 media marketization: A comparative analysis ofthe newspaper, TV and Internet markets in China. In C. C. Lee (ed.). Chinese media, global contexts(pp. 159-176).

London：Routledge.

Chan，J. M.，and Qui，J. L.（2001）. China：Media liberalization under authoritarianism. In M. E. Price，B. Rozumilowicz，and S. G. Verhulst（eds.）Media reform：Democratizing the media，democratizing the state（pp. 27-46）. London：Routledge.

Chan，Y.（2010）. The journalistic tradition. In D. Bandurski，and M. Hala（eds.）Investigative journalism in China：Eight cases in Chinesewatchdog journalism. Hong Kong：Hong Kong University Press.

Charles，A.，and Stewart，G.（2011）. The end of journalism.New York：Peter Lang.

Charon，J. M.（1991）Le presse en France de 1945à nous jours.Paris：Seuil.

Chen，J.，and Dickson，B. J.（2010）. Allies of the state：China's private entrepreneurs and democratic change.Cambridge，MA：Harvard University Press.

Christians，C.，Glasser，T. L.，McQuail，Nordenstreng，K.，and White，R. A.（2009）. Normative theories of the media：Journalism in democratic societies.Urbana：University of Illinois Press.

Chu，L. L.（1994）. Continuity and change in China's media reform. Journal of Communication，44（3），4-21.

Chung，D.（2007）. Profits and perils：Online news producers' perceptions of interactivity and uses of interactive features. Convergence: the international journal of research into new media technologies, 13, 43-61.

Clausen, L. (2004). Localing the global: "Domestication" processes in international news production. Media, Culture & Society, 26(1), 25-44.

Collins, R. (1993). Public service versus the market ten years on: Reflections on critical theory and the debate on broadcasting policy in the UK. Screen, 34 (3), 243-259.

Connery, T. B. (2011). Journalism and realism: Rendering American life. Evanston, IL: Northwestern University Press.

Cook, T. (1998). Governing with the news: The news media as a political institution. Chicago: The University of Chicago Press.

Couldry, N., and Hepp, A. (2013). Conceptualizing mediatization: Contexts, traditions, arguents. Communication Theory, 23(3), 191-202.

Curran, J. (1978). The press as an agency of social control: An historical perspective. In G. Boyce, J. Curran, and P. Wingage (eds.) Newspaper History: From the 17th century to the present day(pp. 51-75). London: Constable.

Curran, J. (1991). Rethinking the media as a public sphere. In P. Dahlgren and C. Sparks (eds.) Communication and citizenship: Journalism and the public sphere (pp. 27-57). New York: Routledge.

Curran, J., and Park, M.J. (2000). Beyond globalization theory. In J.Curran, and M. J. Park (eds.) De-westernizing media studies (pp. 3-18). London: Routledge.

Dahlgren, P., and Sparks, C. (eds.) (1991). Com- 180
munication and citizenship: Journalism and the public sphere in the new media age.New York: Routledge.

Dai, W. (2013). Hybrid journalists—Chinese journalists in an era of reform: Their values and challenges. Reuters Institute Fellowship Paper, Reuters Institute for the Study of Journalism, University of Oxford.

Darnton, R. (1985). The literary underground of the Old Regime. Cambridge, MA: Harvard University Press.

Dawes, S. (2014). Broadcasting and the public sphere: Problematising citizens, consumers and neoliberalism. Media, Culture & Society, 36(5), 702-719.

Deuze, M. (2005). Popular journalism and professional ideology: Tabloid reporters and editors speak out. Media, Culture & Society, 27(6), 861-882.

Deuze, M. (2007). Convergence culture in the creative industries. International Journal of Cultural Studies, 10, 243-263.

Dewey, J. (1922). Review of "Public Opinion". The New Republic, May 3, 286-288.

Deuze, M. (1927). The public and its problems. New York: H. Holt and Co.

Di, D. (2011). Between propaganda and commercials: Chinese television today. In S. Shirk (ed.) Changing media, changing China(pp. 91-114). New York: Oxford University Press.

Diakopoulous, N., Choudhury, M. D., and Naaman, M. (2012). Finding and assessing social media information sources in the context of journalism. ACM SIGCHI Conference on Human Factors in Computing Systems, Austin, TX.

Dimaggio, P., and Powell, W. (1983). The iron cage revisited: Institutional isomorphism and collective rationality in organizational fields. American Sociological Review, 48(2), 147-160.

Domingo, D. (2008). Interactivity in the daily routines of online newsrooms: Dealing with an uncomfortablemyth. Journal of Computer-Mediated Communication, 13, 670-704.

Dooley, B. (1999). Experience and doubt in early modern culture. Baltimore: Johns Hopkins University Press.

Doty, J. S. (2008). Popularity and publicity in early modern England.Ph.D. Thesis, University of Iowa.

Downie, L., and Schudson, M. (2010). The reconstruction of American journalism. Columbia Journalism

Review, accessed on October 23, 2015 at: http://www.cjr.org/reconstruction/the_reconstruction_of_american.php

Downing, J. (1996). Internationalizing media theory: Transition, power, culture.London: Sage.

Durham, M. G. (1998). On the relevance of standpoint epistemology to the practice of journalism: The case for a"strong objectivity". Communication Theory 8 (2), 117-140.

Durkheim, E. (1893/1933). The division of labor in society.New York: The Free Press.

Eason, D. (1986). On journalistic authority: The 181
Janet Cooke scandal. Critical Studies in Mass Communication 3(4), 429-447.

Edwards, M. (ed.) (2011). The Oxford handbook of civil society.Oxford: Oxford University Press.

Ehrenberg, J. (1999). Civil society: A critical history of an idea.New York: New York University Press.

Eley, G. (1994). Nations, publics and political cultures: Placing Habermas in the nineteenth century. In N. B. Dirks, G. Eley, and S. B. Ortner (eds.) Culture, power, history: A reader in contemporary social theory (pp. 297-335). Princeton: Princeton University Press.

Eliasoph, N. (2013). The politics of volunteering. Cambridge, UK: Polity.

Emery, M., Emery, E., and Roberts, N. L.

(1996). The press and America: An interpretive history of the mass media.8th ed. Boston: Allyn and Bacon.

Entman, R. (1989). Democracy without citizens: Media and the decay of American politics. Oxford: Oxford University Press.

Epstein, G. A. (2008). Dark journalism: Censorship isn't the only thing wrong with Chinese reporting. The other one is corruption. Forbes, July 21, 38-42.

Esser, F. (1999)."Tabloidization" of news: A comparative analysis of Anglo-American and German press journalism. European Journal of Communication, 14(3), 291-324.

Esser, F., and Umbricht, A. (2014). The evolution of objective and interpretative journalism in the Western press: Comparing six news systems since the 1960s. Journalism & Mass Communication Quarterly, 91, 229-249.

Ettema, J. (2007). Journalism as reason-giving: Deliberative democracy, institutional accountability, and the news media's mission. Political Communication, 24(2), 143-160.

Ettema, J., and Glasser, T. (1998). Custodians of conscience: Investigative journalists and public voice. New York: Columbia University Press.

Ezrahi, Y. (1990). The descent of Icarus: Science

and the transformation of contemporary democracy. Cambridge, MA: Harvard University Press.

Ferree, M. M., Gamson, W. A., Gerhards, J., and Rucht, D. (2002). Four models of the public sphere in modern democracies. Theory & Society, 31: 289-324.

Figdor, C. (2010). Objectivity in the news: Finding a way forward. Journal of Mass Media Ethics 25(1), 19-33.

Fink, K., and Schudson, M. (2014). The rise of contextualjournalism, 1950s-2000s. Journalism, 15, 1-18.

Fishkin, S. F. (1985). From fact to fiction: Journalism & imaginative writing in America. Baltimore: Johns Hopkins University Press.

Flew, T., and Waisbord, S. (2015). The ongoing significance of national media systems in the context of media globalization. Media, Culture & Society, 37(4), 620-636.

Forde, S. (2011). Challenging the news: The journalism of alternative and independent media. London: Palgrave Macmillan.

Fossum, J. E., and Schlesinger, P. (eds.) (2007). *182*
The European Union and the public sphere: A communicative space in the making? New York: Routledge.

Fraser, N. (1990). Rethinking the public sphere: A contribution to the critique of actually existing democracy. Social Text,1990(25/26), 56-80.

Freedman,D. (2008). The politics of media policy. Cambridge, UK: Polity.

Friedland, L., and Nichols, S. (2002). Measuring civic journalism's progress: A report across a decade of activity.Washington, D.C.: Pew Center for Civic Journalism.

Friedson, E. (1986). Professional powers: A study of the institutionalization of formal knowledge.Chicago: The University of Chicago Press.

Fuller, J. (1996). News values: Ideas for an information age.Chicago: University of Chicago Press.

Gang, Q., and Bandurski, D. (2011). China's emerging public sphere: The impact of media commercialization, professionalism, and the Internet in an era of transition. In S. Shirk (ed.), Changing media, changing China(pp. 38-76). New York: Oxford University Press.

Gans, H. (1978). Deciding what's news: A study of CBS Evening News, NBC nightly news, Newsweek, and Time.New York: Pantheon Books.

Gans, H. (2009). Can popularization help the news media? In B. Zelizer (ed.), Changing faces of journalism: Tabloidization, technology and truthiness (pp. 17-28). New York: Routledge.

Garcia-Blanco, I., and Cushion, S. (2010). A

partial Europe without citizens or EU-level political institutions. Journalism Studies, 11(3), 393-411.

Garnham, N. (1983). Public service versus the market. Screen, 24(1), 6-27.

Garnham, N. (1993). The mass-media, cultural-identity, and the public sphere in the modern world. Public Culture, 5(2), 251-265.

Geertz, C. (1973). Religion as a cultural system. In C. Geertz, The interpretation of cultures: Selected essays(pp. 87-125). New York: Basic Books.

Gentz, N. (2007). Useful knowledge and appropriate communication: The field of journalistic production in late nineteenth century China. In R. Wagner (ed.) Joining the global public: Word, image and city in early Chinese newspapers(pp. 47-104). Albany: State University of New York Press.

Giddens, A. (1984). The constitution of society: Outline of a theory of structuration. Cambridge, UK: Polity.

Glasser, T. (1992). Objectivity and news bias. In E. D. Cohen (ed.) Philosophical issues in journalism(pp. 176-183). New York: Oxford University Press.

Gough, H. (1988). Newspaper press in the French revolution. London: Routledge.

Goyal, S. (2009). Connections: An introduction to the economics of networks. Princeton: Princeton University Press.

Graves, L. (2016). Deciding what's true: Fact-checking journalism and the new ecology of news. New York: Columbia University Press.

Greenwald, M., Bernt, J., and Roberts, G. (eds.)
183 (2000). The big chill: Investigative reporting in the current media environment. Ames: Iowa State University Press.

Guerrero, M., and Márquez-Ramírez, M. (2014). Media systems and communication policies in Latin America. New York: Palgrave-Macmillan.

Haas, T. (2007). The pursuit of public journalism: Theory, practice, criticism. New York: Routledge.

Habermas, J. (1989). The structural transformation of the public sphere: An inquiry into a category of bourgeois society. Cambridge, MA: MIT Press.

Habermas, J. (1996). Between facts and norms: Contributions to a discourse theory of law and democracy. Cambridge, MA: MIT Press.

Hadland, A. (2012). Africanizing three models of media and politics. In D. Hallin, and P. Mancini (eds.), Comparing media systems beyond the western world (pp. 96-118). Cambridge: Cambridge University Press.

Hafez, K. (2002). Journalism ethics revisited: A comparison of ethics codes in Europe, North Africa, the

Middle East, and Muslim Asia. Political Communication, 19, 225-250.

Halasz, A. (1997). The marketplace of print: Pamphlets and the public sphere in early modern England. Cambridge: Cambridge University Press.

Haldén, P. (2011). Stability without statehood: Lessons from Europe's history before the sovereign state.New York: Palgrave Macmillan.

Hall, J., and Ikenberry, J. (1989). The state.London: Open University Press.

Hallin, D. (1994). We keep America on top of the world: Television journalism and the public sphere.New York: Routledge.

Hallin, D., and Mancini, P. (2004). Comparing media systems: Three models of media and politics.New York: Cambridge University Press.

Hallin, D., and Mancini, P. (2012). Comparing media systems: A response to critics. In F. Esser and T. Hanitzsch, eds., The handbook of comparative communication research(pp. 207-220). New York: Routledge.

Hampton, M. (2004). Visions of the press in Britain, 1850-1950.Urbana: University of Illinois Press.

Hampton, M. (2008). The "objectivity" ideal and its limitations in 20th-century British journalism. Journalism Studies 9(4), 477-93.

Hardt, H., and Brennen, B. (1995).

Newsworkers: Toward a history of the rank and file. Minneapolis: University of Minnesota Press.

Harrison, J., and Woods, L. M. (2001). Defining European public service broadcasting. European Journal of Communication16(4), 477-504.

Hartsock, J. (2000). A history of American literary journalism: The emergence of a modern narrative form. Amherst: University of Massachusetts Press.

Hassid, J. (2008). China's contentious journalists: Reconceptualizing the media. Problems in Post-CommunismJuly/August, 52-61.

Hatch, N. (ed.) (1988). The professions in American history.South Bend, IN: University of Notre Dame Press.

184 Hayashi, K. (2011). Questioning journalism ethics in the global age: How Japanese media report and support immigrant law revision. In R. Fortner and P. M. Fackler (eds.) The handbook of global communication and media ethics(pp. 534-553). Oxford: Wiley-Blackwell.

Hermida, A. (2010). Twittering the news: The rise of ambient journalism. Journalism Practice, 4, 297-308.

Hermida, A. (2014). Tell everyone: Why we share and why it matters.New York: Random House.

Hermida, A. (2015). Nothing but the truth: Redrafting the journalistic boundary of verification. In M. Carlson and S. Lewis (eds.) Boundaries of journalism: Professionalism, practices and participation(pp. 37-50). New York: Routledge.

Hesmondhalgh, D., and Toynbee, J. (eds.) (2008). The media and social theory. New York: Routledge.

Hirschman, A. (1977). The passions and the interests: Political arguments for capitalism before its triumph. Princeton: Princeton University Press.

Hjarvard, S., and Kammer, A. (2015). Online news: Between private enterprise and public subsidy. Media, Culture & Society, 37, 115-123.

Holman, J. (2011). 10 best practices for social media: Helpful guidelines for news organizations. Columbia, MO: American Society of News Editors, accessed on October 23, 2015 at: http://asne.org/Files/pdf/10_Best_Practices_for_Social_Media.pdf.

Hong, J. (1998). The internationalization of television in China: The evolution of ideology, society, and media since the reform. London: Praeger.

Howard, P. N. (2005). New media campaigns and the managed citizen. Cambridge: Cambridge University Press.

Høyer, S. (2005). The Anglo-American background. In S. Høyer and H. Pöttker (eds.)

Diffusion of the news paradigm, 1850-1900(pp. 9-19). Gothenborg: Nordicom.

Høyer, S., and Pöttker H. (eds.) (2005). Diffusion of the news paradigm, 1850-1900. Gothenborg: Nordicom.

Hu, Z. (2003). The post-WTO restructuring of the Chinese media industries and the consequences of capitalization. Javnost, 10(4), 19-36.

Huang, C. (2004). China's state-run tabloids: The rise of "City Newspapers". Gazette, 63(5), 435-450.

Iyengar, S. (1994). Is anyone responsible? How television frames political issues. Chicago: University of Chicago Press.

Iyengar, S., and Kinder, D. (1989). News that matters: Television and American opinion. Chicago: University of Chicago Press.

Jacobs, R., and Townsley, E. (2011). The space of opinion: Media intellectuals and the public sphere. New York: Oxford University Press.

Jakubowicz, K., and Sükösd, M. (eds.) (2008). Finding the right place on the map: Central and Eastern European media change in a global perspective. Chicago: University of Chicago Press.

185 Janowitz, M. (1957). Community ties in an urban setting. Glencoe, IL: Free Press.

Jarvis, J. (2009). What would Google do? Reverse

engineering the fastest growing company in the history of the world.New York: Harper Collins.

Jeffres, L. W., Dobos, J., and Lee, J. W. (1988). Media use and community ties. Journalism & Mass Communication Quarterly, 65(3), 575-581.

Jones, A. (2009). Losing the news: The future of news that feeds democracy. New York: Oxford University Press.

Jones, D. (1980). Gossip: Notes on women's oral culture. Women's Studies International Quarterly, 3(2-3), 193-198.

Judge, J. (1996). Print and politics: "Shibao" and the culture of reform in late Qing China.Stanford: Stanford University Press.

Kaniss, P. (1991). Making local news. Chicago: University of Chicago Press.

Kaplan, R. L. (2002). Politics and the American press: The rise of objectivity, 1865-1920. Cambridge: Cambridge University Press.

Karpf, D. (2012). The MoveOneffect: The unexpected transformation of American political advocacy. Oxford: Oxford University Press.

Keane, J. (1991). The media and democracy.Cambridge, UK: Polity.

Kenny, T., and Gross, P. (2008). Journalism in Central Asia: A victim of politics, economics, and widespread self-censorship. The International Journal of Press/ Politics, 13(4), 515-525.

Knoke, D. (2012). Economic networks.Cambridge: Polity.

Koopman, R., and Statham, P. (eds.) (2010). The making of a European public sphere: Media discourse and political contention. Cambridge: Cambridge University Press.

Kovach, B. (2005). Toward a new journalism with verification. Speech given before the Society of Professional Journalists, accessed on October 23, 2015 at http://niemanreports. org/articles/toward-a-new-journalism-with-verification/.

Kovach, B., and Rosenstiel, T. (2001). The elements of journalism: What newspeople should know and the public should expect.New York: Crown Publishers.

Kreiss, D. (2012). Taking our country back: The crafting of networked politics from Howard Dean to Barack Obama.Oxford: Oxford University Press.

Kuhn, R. (1995). The media in France.New York: Routledge.

Kurtz, H. (1993). Media circus: The trouble with America's newspapers.New York: Three Rivers Press.

Lamont, M., and Thévenot, L. (eds.) (2000). Rethinking comparative cultural sociology: Repertoires of evaluation in France and the United States. New York:

Cambridge University Press.

Larson, M. S. (1977). The rise of professionalism: A sociological analysis. Berkeley: University of California Press.

Lasorsa, D. L., Lewis, S., and Holton, A. E. (2012). Normalizing Twitter: Journalism practice in an emerging communication space. Journalism Studies, 13 (1), 19-36.

Lauterer, J. (2006). Community journalism: Re- 186
lentlessly local. 3rd ed. Durham, NC: University of North Carolina Press.

Lebaron, F. (2003). Pierre Bourdieu: Economic models against economism. Theory and Society, 32, 551-565.

Lee, C. C. (ed.) (2015). The"Internationalizing" of International Communication.Ann Arbor: University of Michigan Press.

Lee, C. C. (ed.) (1990). Voices of China: The interplay of politics and journalism.London: Guilford.

Lee, C. C. (ed.) (2000). Servants of the state or the market: Media and journalists in China. In J. Tunstall (ed.) Media occupations and professions: A reader(pp. 240-252). Oxford: Oxford University Press.

Lee, C. C. (ed.) (1994). China's media, media's China.Boulder, CO: Westview.

Lee, C. C., He, Z., and Huang, Y. (2006).

Chinese Party Publicity Inc. conglomerated: The case of the Shenzhen Press Group. Media, Culture &Society, 28(4), 581-602.

Lee, P. (1994). Mass communication and national development in China: Media roles reconsidered. Journal of Communication, 44(3), 22-37.

Lerner, D. (1958). The passing of traditional society: Modernizing the Middle East. Glencoe, IL: Free Press.

Levy, D., and Nielsen, R. (eds.) (2010). The changing business of journalism and its implications for democracy. Oxford: Reuters Institute for the Study of Journalism.

Levy, L. (1985). Emergence of a free press. New York: Oxford University Press.

Lewis, S. (2012). The tension between professional control and open participation. Information, Communication & Society, 15, 836-866.

Li, R. (2013). Media corruption: A Chinese characteristic. Journal of Business Ethics, 116, 297-310.

Liebman, B. L. (2005). Watchdog or demagogue? The media in the Chinese legal system. Columbia Law Review, 105(1), 1-157.

Lin, F. (2012). Information differentiation, commercialization, and legal reform: The rise of a three-dimensional state-media regime in China. Journalism

Studies, 13(3), 418-432.

Lin, Y. (1814/1968). A history of the press and public opinion in China.New York: Greenwood Publishers.

Lippmann, W. (1922). Public opinion. New York: Harcourt, Brace.

Lippmann, W. (1925). The phantom public. New York: Harcourt, Brace.

Liu, A. (1971). Communications and national integration in communist China. Berkeley: University of California Press.

Liu, Z. (2012). Journalism culture in Kunming: Market competition, political constraint and new technology in a Chinese metropolis.Ph.D. diss. University of Iowa.

Livingstone, S. (2012). Challenges to comparative research in a globalizing media landscape. In F. Esser 187
and T. Hanitzsch (eds.) Handbook of Comparative Communication Research (pp. 415-29). New York: Routledge.

Lorentzen, P. (2013). China's strategic censorship. American Journal of Political Science, 58(2), 402-414.

Lowrey, W., Brozana, A., and Mackay, J. B. (2008). Toward a measure of community journalism. Mass Communication and Society, 11(3), 275-299.

Luhmann, N. (1982). The differentiation of

society.New York: Columbia University Press.

Lunt, P., and Livingstone, S. (2013). Media studies' fascination with the concept of the public sphere. Media, Culture & Society, 35(1), 87-96.

MacKinnon, S. R. (1997). Toward a history of the Chinese pressin the republican period. Modern China, 23 (1), 3-32.

Mancini, P. (2005). Is there a European model of journalism? In H. de Burgh (ed.) Making journalists (pp. 77-93). New York: Routledge.

Maras, S. (2013). Objectivity in Journalism. Cambridge, UK: Polity.

Maras, S., and Nip, J. (2015). The traveling objectivity norm. Journalism Studies, 16(3), 326-342.

March, J., and Olsen, J. (1989). Rediscovering institutions.New York: Free Press.

Martin, J. L. (2003). What is field theory? American Journal of Sociology,109(1), 1-49.

Marzolf, M. (1984). American "new journalism" takes root in Europe at end of 19th century. Journalism Quarterly, 61, 529-35, 691.

Maslog, C. C. (1985). Five successful Asian community newspapers.Singapore: Asian Mass Communication Research and Information Center.

Maslog, C. C. (1989). The dragon slayers of the countryside.Manila, Philippines: PPI.

Massey, B. L., and Chang, L. A. (2002). Locating Asian values in Asian journalism: A content analysis of web newspapers. Journal of Communication, 52(4), 987-1003.

Matheson D. (2000). The birth of news discourse: Changes in news language in British newspapers, 1880-1930. Media, Culture and Society, 22, 557-573.

McCargo, D. (2002). Political journalists and their sources in Thailand. In R. Kuhn and E. Neveu (eds.) Political journalism: New challenges, new practices(pp. 92-107). London: Routledge.

McChesney, R., and Picard, V. (eds.) (2011). Will the last journalist turn out the lights? New York: New Press.

McCormick, B. L., and Liu, Q. (2009). Globalization and the Chinese media: Technologies, content, commerce and the prospects for the public sphere. In C. C. Lee (ed.) Chinese media, global contexts(pp. 136-55). London: Routledge.

McGerr, M. E. (1986). The decline of popular politics: The American North, 1865-1928. New York: Oxford University Press.

McMane, A. A. (1993). Ethical standards in French and U.S. newspaper journalism. Journal of mass media ethics, 8(4), 207-218.

McManus, J. (1994). Market-driven journalism: *188*

Let the citizen beware. Thousand Oaks, CA: Sage.

McNair, B. (2000). Journalism and democracy: An evaluation of the political public sphere. New York: Routledge.

Mellor, N. (2007). Arab journalism: Problems and prospects. Edinburgh: Edinburgh University Press.

Mellor, N. (2009). Strategies for autonomy: Arab journalists reflecting on their roles. Journalism Studies, 10(3), 307-321.

Mersey, R. (2010). Reevaluating Stamm's theory of newspapers and communities in a new media environment: Toward a new theory based on identity and interdependence. Northwestern University Law Review, 104 (2), 517-535.

Merton, R. (1950) Patterns of influence: A study of interpersonal influence and of communications behavior in a local community. In P. Lazarsfeld and F. N. Stanton (eds.) Communications Research 1948-1949 (pp. 180-219). New York: Harper.

Mey, H. (1972). Field theory: A study of its applications in the social sciences. New York: St. Martin's Press.

Mill, J. S. (1859/1978). On liberty. E. Rapaport (ed.) Indianapolis, IN: Hackett Publishing Co.

Milton, J. (2014). Aeropagitica and other writings. W. Pool (ed.) London: Penguin Books.

Mindich, D. (1998). Just the facts: How objectivity came to define American journalism. New York: New York University Press.

Mittler, B. (2004). A newspaper for China? Power, identity, and change inShanghai's news media, 1872-1912.Cambridge, MA: Harvard University Press.

Mohr, J. (2000). Structures, institutions, and cultural analysis. Poetics,27, 57-68.

Moore, R. C., and Gillis, T. L. (2005). Transforming communities: Community journalism in Africa. Transformations 10,accessed on September 9, 2015 at: http://www.transformationsjournal.org/journal/issue_10/editorial.shtml.

Moy, P., and Gastil, J. (2006). Predicting deliberative conversation: The impact of discussion networks, media use, and political cognitions. Political Communication, 23(4), 443-460.

Muñoz-Torres, J. R. (2012). Truth and objectivity in journalism. Journalism Studies, 13(4), 566-582.

Murray, W. J. (1991). Journalism as a career choice in 1789. In H. Chisick (ed.) The press in the French revolution (pp. 161-88). Oxford: Oxford University Press.

Nathan, A. J. (1985). Chinese democracy. New York: Alfred A. Knopf.

Negt, A., and Kluge, A. (1993). Public sphere and

experience: Analysis of the bourgeois and proletarian public sphere. New York: Verso Books.

Nerone, J. (1995). Last rights: Revising "Four Theories of the Press." Urbana: University of Illinois Press.

Neveu, E. (2009). Sociologie du journalism. Paris: La Découverte.

189 Newman, N. (2009). The rise of social media and its impact on mainstream journalism. Oxford: Reuters Institute for the Study of Journalism.

Nielsen, R. (2016a). The many crises of Western journalism: A comparative analysis of economic, professional, and symbolic crises. In J. Alexander, E. Breese, and M. Luengo (eds.) The crisis of journalismreconsidered: From technology to culture. Cambridge: Cambridge University Press.

Nielsen, R. (ed.) (2016b). Local journalism: The decline of newspapers and the rise of digital media. Oxford: Reuters Institute for the Study of Journalism.

Nielsen, R. K. (2012). Ground wars: Personalized communication in political campaigns. Princeton: Princeton University Press.

Nieman Reports (2012). Be the Disruptor. October 16, 2012, accessed on October 23, 2015 at: http://niemanreports. org/articles/category/cover-story-be-the-disruptor/.

Nip, J. Y. M. (2006). Exploring the second phase of public journalism. Journalism Studies, 7 (2), 212-236.

Nitoiu, C. (2013). The European public sphere: Myth, reality or aspiration? Political Studies Review, 11, 26-38.

Nord, D. P. (2001). Communities of journalism: A history of American newspapers and their readers. Urbana: University of Illinois Press.

Nosco, P. (2002). Confucian perspectives on civil society and government. In N. L. Rosenblum and R. C. Post (eds.) Civil society and government (pp. 334-59). Princeton: Princeton University Press.

O'Donovan, C. (2014). N+1: learning that print and digital can peacefully coexist. Nieman Lab, accessed on August 23, 2015 at: http://www.niemanlab.org/2014/09/n1-learning-that-print-and-digital-can-peacefully-coexist/.

O'Sullivan, J., and Heinonen, A. (2008). Old values, new media: Journalism role perceptions in a changing world. Journalism Practice, 2, 357-371.

Olausson, U. (2010). Towards a European identity? The news media and the case of climate change. European Journal of Communication, 25 (2), 138-152.

Örnebring, H. (2007). A necessary profession for

the modern age? Nineteenth century news, journalism and the publich shere. In R. Butsch (ed.) Media and public spheres(pp. 71-82). Basingstoke: Palgrave.

Örnebring, H., and Jönsson, A. M. (2004). Tabloid journalism and the public sphere: A historical perspective on tabloid journalism. Journalism Studies, 5 (3), 293-295.

Ortega, F., and Humanes, M. L. (2000). Algo mas que periodistas: Sociología de una profesión. Barcelona: Editorial Ariel.

Overholser, G. (2006). On behalf of journalism: A manifesto for change, accessed September 9 2015 at: http://www. annenbergpublicpolicycenter. org/Overholser/20061011_JournStudy.pdf.

Page, B. (1996). Who deliberates? Mass media anddeliberative democracy. Chicago: University of Chicago Press.

Pan, Z. (2000). Improvising reform activities: The
190 changing reality of journalistic practice in China. In C. C. Lee (ed.) Power, money, and media: Communication patterns and bureaucratic controlin cultural China. Evanston, IL: Northwestern University Press.

Pan, Z. (2000). Spatial configuration in institutional change: A case of China's journalism reforms. Journalism, 1(3), 253-281.

Pan, Z., and Lu, Y. (2009). Localizing professionalism: Discursive practices in China's media reforms. In C. C. Lee (ed.) Chinese media, global contexts(pp. 215-234). London: Routledge.

Papacharissi, Z. (2010). A private sphere: Democracy in a digital age.London: Polity.

Park, R. (1922). The immigrant press and its control.New York: Harper and Brothers.

Parsons, T. (1966). Societies: Evolutionary and comparative perspectives. Englewood Cliffs, NJ: Prentice-Hall.

Patterson, T. (1992). Out of order.New York: Vintage Books.

Peacey, J. (2013). Print and public politics in the English revolution. Cambridge: Cambridge University Press.

Pearson, S. H. (2009). Hard truth: Traditional journalism must innovate to survive in a changing information climate. First Amendment Coalition, accessed on October 23, 2015 at: http://firstamendmentcoalition.org/2009/09/hard-truth-traditional-journalism-must-innovate-to-survive-in-changing-information-climate/.

Peters, C., and Broersma, M. (2013). Rethinking journalism: Trust and participation in a transformed media landscape.London: Routledge.

Pew Research Center. (2015). The state of the media 2015, accessed on October 23, 2015 at: http://

www. journalism. org/2015/04/29/state-of-the-news-media-2015/.

Pierson, P. (2000). Increasing returns, path dependence, and the study of politics. The American PoliticalScience Review, 94(2), 251-267.

Pintak, L., and Setiyono, B. (2011). The mission of Indonesian journalism: Balancing democracy, development, and Islamic values. The International Journal of Press/Politics, 16(2), 185-209.

Polumbaum, J. (1990). The tribulations of China's journalists after a decade of reform. In C. C. Lee (ed.) Voices of China: The interplay of politics and journalism (pp. 33-68). New York: Guilford.

Polumbaum, J. (2008). China ink: The changing face of Chinese journalism. Boulder, CO: Rowman and Littlefield.

Ponford, D. (2015). New research maps 550 independent "ultralocal" news websites in the UK. Press Gazette, accessed on October 23, 2015 at: http://www.pressgazette.co.uk/new-research-maps-550-independent-ultralocal-news-websites-uk.

Popkin, J. (1990). Revolutionary news: The press in France, 1789-1799. Durham, NC: Duke University Press.

191 Pöttker, H. (2005). The news pyramid and its origin from the American journalism in the 19th

century：A professional approach and an empirical inquiry. In S. Høyer and H. Pöttker (eds.) Diffusion of the news paradigm，1850-1900(pp. 51-64). Gothenborg：Nordicom.

Powers，M.，Zambrano，S. V.，and Baisnée，O. (2016). The news crisis compared：The impact of the journalism crisis on local news ecosystems in Toulouse，France and Seattle，USA. In R. Nielsen (ed.) The uncertain future of local journalism：The decline of newspapers and the rise of digital media(pp. 21-34). Oxford：Reuters Institute for the Study of Journalism.

Preston，P. (2009). An elusive trans-nationalpublic sphere? Journalism Studies，10(1)，114-129.

Punathambekar，A. (2013). From Bombay to Bollywood：The making of a global media industry. New York：New York University Press.

Putnam，R. (1995). Bowling alone：America's declining social capital. Journal of Democracy，6 (1)，65-78.

Putnam，R. (2000). Bowling alone：The collapse and revival of American community. New York：Simon and Schuster.

Rainie，L.，and Wellman，B. (2012). Networked：The new social operating system. Cambridge，MA：MIT Press.

Rao，S. (2009). Glocalization of Indian journalism.

Journalism Studies, 10(4), 474-488.

Rao, U. (2010). News as culture: Journalistic practices and the remaking of Indian leadership traditions. New York: Berghahn Books.

Reader, B., and Hatcher, J. A. (eds.) (2012). Foundationsof community journalism. Los Angeles: Sage.

Repnikova, M. (2014). Investigative journalists' coping tactics in a restrictive media environment. In M. Svensson, E. Saether, and Z. Zhang (eds.) Chinese investigative journalists' dreams: Autonomy, agency, and voice (pp. 113-132). Lanham, MD: Lexington Books.

Rhoufari, M. (2000). Talking about the tabloids. In C. Sparks and J. Tulloch (eds.) Tabloid tales: Global debates over media standards (pp. 163-76). Lanham, MD: Rowman and Littlefield.

Richards, I. (2012). Beyond city limits: Regional journalism and social capital. Journalism, 14 (5), 627-642.

Rieffel, R. (1984). L'Elite des journalistes. Paris: Presses Universitaires du France.

Risse, T. (2010). A community of Europeans? Transnational identities and public spheres. Ithaca, NY: Cornell University Press.

Roberts, G., and Kunkel, T. (2002). Breach of

faith: A crisis of coverage in the age of corporate newsgathering.Fayetteville: University of Arkansas Press.

Robertson, M. (1997). Stephen Crane, journalism, and the making of modern American literature. New York: Columbia University Press.

Roche, D. (1989). Censorship and the publishing industry. In R. Darnton and D. Roche (eds.) Revolution 192
in print: The press in France, 1775-1800 (pp. 3-26). Berkeley: University of California Press.

Roeh, I. (1989). Journalism as storytelling: Coverage as narrative. The American Behavioral Scientist, 33 (2), 162-168.

Rønning, H. (2005). African journalism and the struggle for democratic media. In H. de Burgh (ed.) Making journalists: Diverse models, global issues (pp. 157-80). London: Routledge.

Roudakova, N. (2008). Media—political clientelism: Lessons from anthropology. Media, Culture & Society, 30(1), 41-59.

Ruggiero, T. E. (2004). Paradigm repair and changing journalistic perceptions of the Internet as an objective news source. Convergence, 10(4), 92-106.

Ryan, M. (1990). Women in public: Between banners and ballots, 1825-1880. Baltimore: Johns Hopkins University Press.

Ryfe, D. (2006). News, culture and public life: A

study of nineteenth century journalism. Journalism Studies, 7(1), 60-77.

Ryfe, D. (2012). Can journalism survive? An inside look in American newsrooms.Cambridge, UK: Polity.

Ryfe, D., and Blach-Ørsten, M. (2011). Introduction. Journalism Studies, 12(1), 3-9.

Ryfe, D., and Kemmelmeier, M. (2010). Quoting practices, path dependency and the birth of modern journalism. Journalism Studies, 12, 10-26.

Ryfe, D., Mensing, D., Ceker, H., and Gunes, M. (2012). Popularity is not the same thing as influence: A study of the Bay Area news system. International Symposium on Online Journalism, 2, 144-161.

Ryle, G. 1949. The concept of mind. London: Hutchinson.

Sakr, N. (2005). The changing dynamics of Arab journalism. In H. de Burgh (ed.) Making journalists: Diverse models, global issues (pp. 127-56). London: Routledge.

Salwen, M., and Garrison, B. (2013). Latin American journalism.2nd ed. London: Routledge.

Scannell, P. (1989). Public service broadcasting and modern public life. Media, Culture & Society, 11, 135-166.

Scheuer, J. (2008). The big picture: Why democracies need journalistic excellence.New York: Routledge.

Schifferes, S., Newman, N., Thurman, N., Corney, D., Göker, A., and Martin, C. (2014). Identifying and verifying news through social media. Digital Journalism, 2, 406-418.

Schiller, D. (1981). Objectivity and the news: The public and the rise of commercial journalism. Philadelphia: Temple University Press.

Schinkel, W., and Noordegraaf, M. (2011). Professionalism as symbolic capital: Materials for a Bourieusian theory of professionalism. Comparative Sociology,10(1), 67-96.

Schlesinger, P. (1999). Changing spaces of political communica-tion: The case of the European Union. Political Communication, 16(3), 263-79. 193

Schramm, W. (1964). Mass media and national development: The role of information in developing countries.Stanford: Stanford University Press.

Schudson, M. (1978). Discovering the news: A social history of American newspapers. New York: Basic Books.

Schudson, M. (1993). Watergate in American memory: How we remember, forget, and reconstruct the past.New York: Basic Books.

Schudson, M. (1996a). The politics of narrative form. In M. Schudson, The power of news(pp. 53-71). Cambridge, MA: Harvard University Press.

Schudson, M. (1996b). Question authority: A history of the news interview. In M. Schudson, The power of news(pp. 72-93). Cambridge, MA: Harvard University Press.

Schudson, M. (1998). The good citizen: A history of American civic life.New York: Martin Kessler Books.

Schudson, M. (1999). What public journalism knows about journalism but doesn't know about "public." In T. Glasser (ed.) The idea of public journalism (pp. 118-134). New York: Guilford Press.

Schudson, M. (2001). The objectivity norm in American journalism. Journalism,2(2), 149-170.

Schudson, M. (2005). The US model of journalism: Exception or exemplar? In H. de Burgh (ed.) Making journalists: diverse models, global approaches(pp. 94-106). London: Routledge.

Schudson, M. (2013). Fourteen or fifteen generations: News as a cultural form and journalism as a historical formation. American Journalism, 30(1), 29-35.

Scott, J. W., and Keates, D. (eds.)(2004). Going public: Feminism and the shifting boundaries of the private sphere.Urbana: University of Illinois Press.

Searle, J. (1969). Speech acts: An essay on the philosophy of language. Cambridge: Cambridge University Press.

Seligman, A. (1992). The idea of civil society.Princeton: Princeton University Press.

Seward, R. (2005). Fish or fowl: Kisha clubs and Japanese journalism. Asia Pacific Media Educator, 16, 17-26.

Sewell, W. (1992). A theory of structure: duality, agency, and transformation. The American Journal of Sociology, 98(1), 1-29.

Sewell, W. (2005). Logics of history: Social theory and social transformation. Chicago: The University of Chicago Press.

Shapiro, I., Brin, C., Bédard-Brûlé, I., and Mychajlowycz, K. (2013). Verification as a strategic ritual. Journalism Practice, 7, 657-73.

Shaw, I. S. (2009). Towards an African journalism model: A critical historical perspective. International Communication Gazette, 71(6), 491-510.

Shen, F., and Zhang, Z. (2013). Who are the investigative journalists in China? Findings from a survey *194*
in 2010. Chinese Journal of Communication, 6(3), 374-384.

Shen, F., and Zhang, Z. (2014). The identities and demographics of investigative journalists in China. In M. Svensson, E. Saether, and Z. Zhang (eds.) Chinese investigative journalists' dreams: Autonomy, agency, and voice(pp. 33-52). Lanham, MD: Lexington Books.

Shibutani, T. (1966). Improvised news: A sociological study of rumor.Indianapolis: Bobbs-Merrill.

Shirk, S. (2011). Changing media, changing China. In S. Shirk (ed.) Changing media, changing China(pp. 1-36). New York: Oxford University Press.

Shirky, C. (2008). Here comes everybody: The power of organizing without organizations. New York: Penguin Press.

Siapera, E., and Veglis, A. (eds.) (2012). The handbook of global online journalism. Oxford: Wiley-Blackwell.

Siebert, F. S., Peterson, T. and Schramm, W. (1956). Four theories of the press: The authoritarian, libertarian, social responsibility, and Soviet communist concepts of what the press should be and do. Freeport, NY: Books for Libraries Press.

Silverman, C. (2011). Is this the world's best Twitter account? Columbia Journalism Review, accessed on October 23, 2015 at: http://www.cjr.org/behind_the_news/is_this_the_worlds_best_twitter_account.php? page=all.

Simon, K. (2013). Civil societyin China: The legal framework from ancient times to the new reform era. New York: Oxford University Press.

Sims, N. (ed.) (1990). Literary journalism in the twentieth century. New York: Oxford University Press.

Singer, J. (2004). More than ink-stained wretches:

The resocialization of print journalists in converged newsrooms. Journalism and Mass Communication Quarterly, 81, 838-856.

Singer, J. (2005). The political j-blogger: "Normalizing" a new medium form to fill old norms and practics. Journalism, 6(2), 173-198.

Singer, J., Hermida, A., Domingo, D., Heinonen, A., Paulussen, S., Quandt, T., Reich, Z., and Vujnovic, M. (2011). Participatory journalism: Guarding open gates at online newspapers. Oxford: Blackwell.

Somers, M. (1995). What's political or cultural about political culture and the public sphere toward an historical sociology of concept formation. Sociological Theory, 13(2), 113-144.

Sparks, C. (1992). Popular journalism: Theory and practice. In P. Dhalgren and C. Sparks (eds.) Journalism and popular culture (pp. 24-44). Newbury Park, CA: Sage.

Sparks, C., and Tulloch, J. (eds.) (2000). Tabloid tales: Global debates over media standards. Lanham, MD: Rowman and Littlefield.

Splichal, S. (2001). Imitative revolutions changes in the media and journalism in East-Central Europe. The Public, 8(4), 31-58.

Stamm, K. R. (1985). Newspaper use and commu- 195

nity ties.Norwood, NJ: Ablex Publishing Corp.

Starkman, D. (2011). Confidence game: The limited vision of the news gurus. Columbia Journalism Review, accessed on October 23, 2015 at: http://www.cjr.org/essay/confidence_game.php.

Starr, P. (2004). The creation of the media: Political origins of modern communications.New York: Basic Books.

Steele, J. (2011). Justice and journalism: Islam and journalistic values in Indonesia and Malaysia. Journalism, 12(5): 533-549.

Stephens, M. (1988). A history of news: From the drum to the satellite.New York: Viking.

Stockmann, D. (2013). Media commercialization and authoritarian rule in China.Cambridge: Cambridge University Press.

Streckfuss, R. (1990). Objectivity in journalism: A search and a reassessment. Journalism Quarterly, 67 (4), 973-983.

Sunstein, C. (1995). Democracy and the problem of free speech.New York: The Free Press.

Svennson, M., Saether, E., and Zhang, Z. (eds.) (2014). Chinese investigative journalists' dreams: Autonomy, agency and voice. Lanham, MD: Lexington Books.

Swisher, K. (2014). Can print and online content

just get along? California Sunday Magazine hopes so. Re/Code, accessed on August 23, 2015 at: http://recode. net/2014/09/15/can-print-and-online-content-just-get-along-california-sunday-magazine-hopes-so/

Tarde, G. (1901/1969). Gabriel Tarde on communication and social influence.T. N. Clark (ed.) Chicago: University of Chicago Press.

Thornton, P., Ocasio, W., and Lounsbury, M. (2012). The institutional logics perspective: A new approach to culture, structure and process. New York: Oxford University Press.

Thussu, D. K. (2005). Adapting to globisation: The changing contours of journalism in India. In H. de Burgh (ed.), Making journalists: Diverse models, global issues(pp. 127-141). London: Routledge.

Tichenor, P. J., Donohue, G. A., and Olien, C. N. (1980). Community Conflict and the Press. Beverly Hills: Sage.

Tilly, C. (1992). Coercion, capital, and European states, AD 990-1992.Cambridge, UK: Blackwell.

Tocqueville, de A. (1840/1969). Democracy in America.J. P. Mayer (ed.) G. Lawrence (trans.) Garden City, NY: Doubleday and Co.

Todd, C. (1991). Political bias, censorship, and the dissolution of the "official" press in eighteenth-century France. Studies in French Civilization(Vol. 8).

Lewiston, NY: Edwin Mellen Press.

Tong, J. (2007). Guerrilla tactics of investigative journalism in China. Journalism, 8(5), 530-555.

196 Tong, J. (2011). Investigative journalism in China: Journalism, power, and society.London: Continuum.

Tong, J., and Sparks, C. (2009). Investigative journalism in China today. Journalism Studies, 10(3), 337-352.

Tönnies, F. (1916/2000). Ferdinand Tönnies on public opinion: Selections and analyses.H. Hardt and S. Splichal (ed. and trans.) Lanham, MD: Rowman & Littlefield.

Tönnies, F. (1887/1957). Community and Society. C. P. Loomis (ed. and trans.) New York: Harper and Row.

Tsui, L. (2003). The panopticon as the antithesis of a space of freedom: Control and regulation of the Internet in China. China Information, 17(2), 65-82.

Tuchman, G. (1972). Objectivity as strategic ritual: An examination of newsmen's notions of objectivity. American Journal of Sociology, 77(4), 660-679.

Tuchman, G. (1978). Making news: A study in the construction of reality.New York: The Free Press.

Turvill, W. (2015). Johnston press closures mean more than 300 UK local newspapers have gone in last ten years. Press Gazette, accessed on October 23, 2015 at: http://www. pressgazette. co. uk/johnston-press-closures-meanmore-300-uk-local-newspapers-have-been-closed-ten-years.

Underwood, D. (1993). When MBAs rule the newsroom.New York: Columbia University Press.

Underwood, D. (2013). The undeclared war between journalism and fiction: Journalists as genre benders in literary history.New York: Palgrave-Macmillan.

Valeriani, A. (2010). Pan-Arab satellite television and Arab national information systems: Journalists' perspectives on a complicated relationship. Middle East Journal of Culture and Communication, 3, 26-42.

van Dijk, J. (2012). The network society. 3rd ed. London: Sage.

Vartanova, E. (2012). The Russian media model in the context of post-Soviet dynamics. In D. Hallin and P. Mancini (eds.) Comparing media systems beyond the Western world (pp. 119-42). Cambridge: Cambridge University Press.

Voltmer, K. (2008). Comparing media systems in new democracies: East meets South meets West. Central European Journal of Communication, 1, 23-40.

Volz, Y. Z., and Lee, C. C. (2009). American pragmatism and Chinese modernization: Importing the Missouri model of journalism education to modern

China. Media, Culture & Society, 31(5), 711-730.

Waisbord, S. (2000). Watchdog journalism in South America: News, accountability, and democracy. New York: Columbia University Press.

Waisbord, S. (2009). Advocacy journalism in a global context. In K. Wahl-Jorgensen, and T. Hanitzsch (eds.) The handbook of journalism studies (pp. 371-385). London: Routledge.

Waisbord, S. (2013). Reinventing professionalism: Journalism and news in a global perspective. Cambridge, UK: Polity.

197 Waldman, S. (2011). The information needs of communities: The changing media landscape in a broad-band age. Washington D. C.: Federal Communications Commission.

Ward, S. (2004). The invention of journalism ethics: The path to objectivity and beyond. Montreal: McGill-Queen's University Press.

Warner, M. (2002). Publics and counterpublics. New York: Zone Books.

Weaver, D. (1998). The global journalist: News people around the world. Cresskill, NJ: Hampton Press.

Weaver, D., and Willnat (eds.) (2012). The global journalist. New York: Routledge.

Weintraub, J. (1997). The theory and the politics of the public/private distinction. In J. Weintraub (ed.)

Public and private in thought and practice (pp. 1-42). Chicago: The University of Chicago Press.

Weston, T. B. (2010). China, professional journalism, and liberal internationalism in the era of the First World War. Pacific Affairs, 83(2), 327-347.

Wiener, J. H., and Hampton, M. (2007). Anglo-American media interactions, 1850-2000. Basingstoke: Palgrave Macmillan.

Wilensky, H. L. (1964). The professionalization of everyone? The American Journal of Sociology, 70(2), 137-158.

Williams, R. (1976). Keywords: A vocabulary of culture and society. New York: Oxford University Press.

Willig, I. (2012). Newsroom ethnography in a field perspective. Journalism, 12(3), 372-387.

Wittgenstein, L. (1958). Philosophical investigations. 3rd ed. G. E. M. Anscombe (trans.) New York: Macmillan.

Wolff, M. (2012). Did NPR's Andy Carvin overreach his Twitter calling on Newtown shooting? The Guardian, December 17, accessed on October 23, 2015 at http://www. theguardian. com/commentisfree/2012/dec/17/npr-andycarvin-overreach-newtown.

Xiaoping, L. (2002). "Focus" and the changes in the Chinese television industry. Journal of Contemporary China, 11(30), 17-34.

Xiatong, F. (1992). From the soil: The foundations of Chinese society.G. Hamilton and Z. Wang (trans. and ed.) Berkeley: University of California Press.

Xin, X. (2012). How the market is changing China's news: The case of Xinhua news agency. Lanham, MD: Lexington Books.

Xu, Y., Chu, L. L., and Zhongshi, G. (2002). Reform and challenge: An analysis of China's journalism education under social transition. International Communication Gazette, 64(1), 63-77.

Young, I. M. (1990). Inclusion and democracy.Oxford: Oxford University Press.

Yuezhi, Z. (2010). Watchdogs or party leashes? Contexts and implications of investigative journalism in post-Deng China. Journalism Studies, 1(2), 577-597.

Zaret, D. (2000). Origins of democratic culture:
198 Printing, petitions, and the public sphere in early modern England. Princeton, NJ: Princeton University Press.

Zelizer, B. (1990). Achieving journalistic authority through narrative. Critical Studies in Mass Communication, 7(4), 366-376.

Zelizer, B. (2012). On the shelf life of democracy in journalismscholarship. Journalism, 14(4), 459-473.

Zha, J. (1996). China pop: How soap operas, tabloids and best sellers are transforming a culture. New York: The New Press.

Zhang, H., and Su, L. (2012). Chinese media and journalists in transition. In D. Weaver and L. Willnat (eds.) The global journalist in the 21st century (pp. 9-21). New York: Routledge.

Zhang, X. (2007). The origins of the modern Chinese press: The influence of the Protestant missionary press in late Qing China. London: Routledge.

Zhao, Y. (2000). From commercialization to conglomeration: The transformation of the Chinese press within the orbit of the party state. Journal of Communication, 50(2), 3-26.

Zhao, Y. (2004). The state, the market, and media control in China. In P. N. Thomas, and Z. Nain (eds.) Who owns the media? Global trends and local resistances (pp. 179-212). London: Zed Books.

Zhao, Y. (2008). Communication in China: Political economy, power, and conflict. Lanham, MD: Rowman and Littlefield.

Zhao, Y. (2012). Understanding China's media system in a world historical context. In D. Hallin and P. Mancini (eds.) Comparing media systems beyond the Western world (pp. 143-176). Cambridge: Cambridge University Press.

索引

（索引页码均为英文原著页码，斜体页码指代图/表）

A

B

D

E

G

H

I

K

L

N

O

P

R

S

V

W

Z

图书在版编目(CIP)数据

图绘新闻场域:过去、现在与未来/(美)戴维·莱夫(David M. Ryfe)著;闫文捷译.--北京:中国传媒大学出版社,2021.9
(传播与中国译丛. 新闻·新技术·公共生活)
ISBN 978-7-5657-3081-8

Ⅰ.①图… Ⅱ.①戴… ②闫… Ⅲ.①新闻学—研究 Ⅳ.①G210

中国版本图书馆 CIP 数据核字(2022)第 142551 号

原书名:Journalism and the Public

著作权合同登记号 图字:01-2021-4809

图绘新闻场域:过去、现在与未来
TUHUI XINWEN CHANGYU:GUOQU、XIANZAI YU WEILAI

著　　者　[美]戴维·莱夫(David M. Ryfe)
译　　者　闫文捷
校　　译　卜秋静
责任编辑　于水莲
特约编辑　井彩霞
封面设计　拓美设计
责任印制　李志鹏

出版发行　中国传媒大学出版社
社　　址　北京市朝阳区定福庄东街 1 号　　邮　　编　100024
电　　话　86-10-65450528　65450532　　传　　真　65779405
网　　址　http://cucp. cuc. edu. cn
经　　销　全国新华书店

印　　刷　唐山玺诚印务有限公司
开　　本　880mm×1230mm　1/32
印　　张　8.5
字　　数　200 千字
版　　次　2022 年 9 月第 1 版
印　　次　2022 年 9 月第 1 次印刷

书　　号　ISBN 978-7-5657-3081-8/G·3081　　定　　价　38.00 元

本社法律顾问:北京嘉润律师事务所　郭建平